いつも 幸せな人は、 2時間の 使い方の天才

本当に大事なことだけをして、
毎日を充実させるシンプルな考え方

今井 孝

すばる舎

Whatever can be done another day can be done today.

「いつかできることはすべて今日でもできる」

ミシェル・ド・モンテーニュ（1533〜1592年　仏）

いつも幸せな人でいるために
大切な「時間」とのつき合い方

＼本書のキモ！／

①	「すべての時間が充実していなければ幸せじゃない」という考えを捨てる
②	日常のムダを見つけ、それをやめていく
③	「自分を幸せにしてくれること」を見つける
④	「最高のひととき」を味わうためのスケジュールを立てる
⑤	長期的な目標を見出し、未来のために時間を使う
⑥	幸福感を意識的に味わう

もっと人生を楽しみたいのに、毎日がただ過ぎていくという人へ

「毎日、忙しいわりに充実感がない」
「今日もやることが終わらなかった」
「せっかくの休日だったのに、結局、何もできなかった」
「今年も何も変わらなかった」
「幸せなはずなのに、ふと、むなしさを感じることがある」

こんな気持ちが少しでもあるなら、ぜひ本書を読み進めてください。

本書を読み終えているころには、あなたの人生はもっと楽しく、輝いて充実するはずです。

「自分はなんて地味で、つまらない生活をしているんだろう」

ＳＮＳを見るたびに、そう思ってしまう人も少なくありません。

経営者、芸能人、インフルエンサーなどが、キラキラと輝いた生活の様子を投稿しているからです。

私も同じような気持ちで、会社員時代を過ごしていました。

当時ＳＮＳはありませんでしたが、テレビや雑誌でＩＴ企業を立ち上げた起業家たちの姿を見ては、自分の状況と比べ、ちょっとした絶望感をおぼえました。

もちろん健康だし、ちゃんと仕事もあり、たまに家族旅行にも行けて、「幸せか？」と聞かれればそのとおりです。

しかし、このままずっと同じ日々が続くと考えると、気が遠くなりました。

会社と家を往復するだけの、何も変わらない人生。どうしたら本当の幸せにたどり着くのか、わかりませんでした。

▼成果を出しても、むなしいだけだった

あるとき、転機がおとずれました。

会社で新規事業を任されたのです。

最初は小さなプロジェクトでしたが、だんだんと大きくなっていき、「これを成功させたら人生が変わるのでは?」という気持ちになっていきました。

身《み》を粉《こ》にして働きました。ストレスにまみれた3年で新規事業を立ち上げ、チームリーダーとして社内アワードを受賞しました。

しかし、それでハッピーエンドとはなりませんでした。

私はそこで、「この仕事を続けたくない」と思ったのです。

立ち上げの仕事はやりがいがありましたが、チームのマネジメントをすることは、私には本当に向いていませんでした。

そして、独立起業しました。

新規事業の成功体験もあったので意気揚々《いきようよう》と起業したのですが、**1年間はまったく売上が上がらず、1期目から数百万円の赤字という、どん底からのスタートでした。**

底辺を味わった私は、必死に歯を食いしばってがんばり、寝る間を惜しんで働きました。

当時、私はとある著名な先生の講座を主催していたのですが、自分の足を使って集客し、なんとか売上が上がるようになっていきました。

そして、ありがたいことに売上は1000万円、2000万円と増えていきました。小さなビジネスとしては十分に成功だと思います。

しかし、それでもハッピーエンドはやってきませんでした。

当時の私は、途方に暮れていました。

なぜなら、苦しかったからです。

たしかに会社員時代より多くの収入を手にすることができましたが、毎日がしんどい気持ちのままでした。

売上が落ちてしまうので仕事の手を止めることができず、ほっとひと息つけるのは年に数日だけでした。

大きな収入が得られたとしても、当時30代の私は、「これを10年も20年も続けなければならないのか」と思い、恐ろしくてゾッとしました。

「こんなの成功じゃない」

自宅に帰る電車のなかで思いました。

何もしなくてもむなしい、がんばって成果を出しても幸せではない。

これはいったい、どういうことなのだろう。

私はまた絶望したのです。

▼「幸せ」を探し続ける日々

これ以上同じことを続けても幸せにはなれないと、私は思いました。

そして、**「どうしたら幸せになれるのだろう」と、幸せそうに生きている人たちのもとへ学びに行きました。**


成功している経営者たちの話をたくさん聞きました。

彼ら彼女らは、思い描いていたイメージと違って、大金を使って豪遊しているわけではありませんでした。たしかに普通の人よりは豊かなのですが、常識的な範囲のお金の使い方をされていました。

そして、仕事を熱心にされている方ばかりでした。

当時の私と違って、誰もが楽しそうに仕事をしているのです。仕事にかける時間は長いのにもかかわらず、しっかりと自分を幸せにしています。

どうして苦しくないのか？　私はとても不思議でした。

数多くの成功者にインタビューをし、研究を重ねていった結果、幸せに生きている人たちとそうでない人の差は、それほどないことに気づきました。

幸せな人たちの1日の大部分は、普通の人と同じです。

しかし、ひとつだけ大きな違いがあったのです。

それは、1日のなかに「最高のひととき」をつくり出している、ということです。その「最高のひととき」を平均すると、2時間程度でした。

普通の人との明確な違いは、1日のなかで2時間だけ。つまり、人はたった2

時間だけでも充実すれば、十分幸せなのだということです。

「夜に気の置けない仲間と2時間飲む予定が入っているだけで、1日が幸せ」

「週末に2時間コンサートに行く予定があるだけで、1週間が幸せ」

多くの人がそう感じるように、充実した毎日とは、すべての時間が充実している必要はなく、たった2時間を最高に充実させるだけでいいのです。

24時間のうちの2時間を「最高のひととき」にするだけ――。

そう、いつも幸せな成功者の彼ら彼女らは、たった「2時間」の使い方の天才だったのです。

それに気づいてから、私の人生はガラリと変わりました。

人生を楽しみながら生きるようになりました。

最初にはじめたのは、小さなことです。

好きな映画を楽しんだり、サウナに行ったり、たまに旅行をしたりと、「自分を幸せにしてくれる時間」を意識して持つようになりました。

すると不思議なことが起こりました。

そうやって楽しんでいると、どんどん売上が増えていったのです。

少しずつ心の余裕が出てきて、私は音楽教室でクラリネットを習いはじめ、マラソンにも挑戦し、やりたかった英語の勉強もはじめました。

すると、さらに売上は増えていき、ついには1億円を超えました。

がんばったからではありません。

幸せを味わい、人生を楽しむことによって、結果的に売上が増えたのです。

そして、いろいろな人に助けられて、さらに多くのことができるようになりました。**ビジネス書を10冊以上、商業出版**できたり、**1000人規模の講演会を開催**できたり、**クラリネットのライブ**ができたり、自分にとって大きなこともできるようになったのです。

▼1日たった2時間で、すべてが変わる

人生を変えるためには、大変なことをする必要も、苦しむ必要もありません。

たった2時間だけ大事にすれば、人生は眩いばかりに豊かで、愛おしいものに変わります。

そして、長期的にはすごいところまであなたを連れて行ってくれます。

ですので、**1日2時間だけ、幸せになることにコミットしてほしいのです。**

本書では、私が紆《う》余《よ》曲折《きょくせつ》を経て学んだ、1日たった2時間で幸せになるための

「時間との向き合い方」について詳しく書きました。

その日を享楽的《きょうらくてき》に過ごすのではなく、本当の意味で幸せに生き、日々の充実感を大切にしながらも長期的には大きな結果を得られるような**「時間との向き合い方」**を、ステップバイステップで解説しています。

第1章では、なぜ**1日2時間だけで本当の意味で幸せになれる**のかを解説しています。「誰でもすぐに幸せになれる」ということを知るだけで、人生に対するよりよいイメージが湧いてくることでしょう。

第2章では、大切な2時間をつくり出すために、**ムダな時間を見つけ、それをやめていく方法**をご紹介しています。あきらかにムダと思うもの以外にも、さまざまなムダが想像以上にあることに、ご自身で驚くかもしれません。

第3章では、「最高のひととき」をつくるための要素である**「自分を幸せにしてくれること」を見つけていく方法**を解説します。自分を満たしてくれるコツを具体的に知ることで、日々の幸せを感じやすくなります。

第4章では、「最高のひととき」を味わうための、**スケジュールの立て方**をご紹介しています。１日の行動の順序を変えるだけで、簡単に幸せになれることがわかります。

第5章では、短期的な幸せだけでなく、どうやって**長期的に目標を達成し、本当の意味で素敵な人生を手に入れるか**ということを解説しています。長期的な夢や目標があることで、今日を輝かせることができます。

第6章では、「最高のひととき」をさらによりよいものにし、**人生全体を豊かなものにするために、幸福感を味わうことについて**解説します。

▼人生を楽しむ仲間になりましょう

本書の内容はとてもシンプルですので、**誰でも、どんな状況からでも実践できて、しかもすぐに日々の感じ方に変化が表れます。**

実際に、実践することで多くの方が人生を謳歌《おうか》しています。

私は起業してからずっと、「自分の好きなことを仕事にして、自由に生きてゆきたい人たち」のサポートをしています。

毎年100人以上の方が私のところに相談に来られるのですが、皆様、本当にやりたいことを見つけ、それを仕事にして、イキイキと活躍されています。

しかも仕事だけでなく、絵画で賞を獲りルーブル美術館で展示されたり、子どものときに習っていたピアノを再開したり、自分のなかで封印していたイラストを描きはじめたり、海外の自転車レースに出場したりと、プライベートも充実させている方々がたくさんいます。

私も一緒に遊びに行くこともあります。

美術展を見に行ったり、屋形船で遊んだり、バンジージャンプを飛びに行ったり、鈴鹿サーキットにＦ１を見に行ったり、ジャズライブをしたりと、楽しい時間を共有しています。仕事の相談に乗るよりも、そっちのほうが喜んでくれているかもしれません。

これらはもちろん、あなたにも可能なことです。

本書の内容を実践することで、物質的にも精神的にも満たされ、充実した人生を手に入れることができるでしょう。

この本をきっかけに、人生を楽しむ仲間が増えると思うと、楽しみです。

さあ、ページをめくって、幸せな世界への一歩を踏み出してください。

第1章
充実した1日とは、たった2時間からつくられる

第2章 「やらなくてもいいこと」をやめて、素敵な時間を増やす

第3章 「何が自分を満たしてくれるのか」を知る

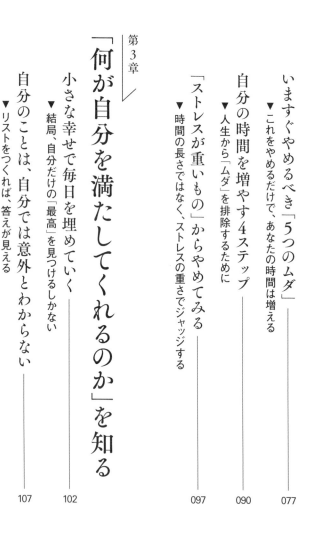

第4章 毎日が幸せなスケジュールの立て方

第5章 小さな時間を積み重ねるだけで、大きな人生になる

第6章 人生を味わう

第1章

充実した1日とは、たった2時間からつくられる

「いい1日だった」の正体

質問です。

「あなたにとって最高の1日とは、どんなものですか?」

これに対する明確な答えを、あなたは持っているでしょうか。

この質問を、これまでたくさんの人にしてみました。

よくある回答は、大きく次の2つに分かれます。

1つは、**バリバリ活動する1日**です。

朝は早起きして、朝活の読書会に参加。
その後、メンバーと話しながらモーニングを食べる。
そこから会社に出社して、部下のマネジメント、クライアントの面談、
プロジェクトの提案資料の作成……とバリバリ働いて成果を出す。
仕事が終わったら子どもを迎えに行って、家族で夕食。
夜はオンライン英会話で英語の勉強をして、外で軽くランニング。
お風呂に入って、好きなドラマを観て、就寝。

まさに「できる人」って感じですね。

もう1つのよくある回答は、**リゾートでゆったりする1日**です。

ホテルで目覚めると、もう朝の10時。
シャワーを浴びたあと、お気に入りのカフェで恋人とブランチを楽しむ。
午後からはビーチでのんびりして、読みたかった小説を読み、
夕方からはマッサージ。
ちょっとオシャレして劇場に向かい、観たかった舞台を楽しみ、
レストランで遅めのディナー。ホテルに帰ってからもワインを楽しむ。

素敵な過ごし方ですね。朝から夜まで、まさに24時間すべてが完璧です。

しかし、こんな1日を体験できるのは、年に一度、あるかないかというレベルではないでしょうか？

ここまでしなくても、もっと手軽に、誰もがいい1日を過ごせます。
90年代の日本のトレンディドラマみたいなキラキラした過ごし方をしなくても、毎日を充実させることはできます。

しかも、年に1日というわけではなく、毎日、つまり**365日すべてを充実させることもできる**のです。

▼「最高のひととき」さえあれば、幸せの総量が増える

想像してみてください。

もし、毎日が充実していたらどうなると思いますか？

気分はウキウキワクワクしていて、自然に行動力が増し、どんどんやりたいことが前に進んでいくことでしょう。

そうやって行動していれば、毎年のように新しいことに挑戦し、それを成し遂げて、理想の人生を手に入れることができるでしょう。


じつのところ、充実したいい1日を過ごすことは、とても簡単です。

なぜなら、**「いい1日だった」と感じるために、24時間すべてが素敵である必**

要はないからです。

・友だちと飲みに行った2時間がとても楽しかった
・今日観た2時間の映画が最高に刺激的だった
・子どもから嬉しい手紙をもらった
・ずっと考えていた問題の解決アイデアをひらめいた
・道に迷っている人を案内したら喜ばれた

じつは**充実した「いい1日」とはこのように、たった2時間あれば得られるものなのです。なかには10分や1分で得られることもあるでしょう。**

このたった1つの「最高のひととき」があれば、1日すべてがいいものに変化してしまうのです。

たとえば、その日の夜に恋人と食事に行く予定があれば、朝からウキウキした気分になって、仕事に向かう道のりもいい気分だったりしませんか？

そして、同じ仕事を頼まれたとしても、残業にならないように一生懸命終わらせようとするでしょう。

すると、普段より仕事が充実したものになるわけです。

恋人との食事はたった2時間かもしれませんが、そのおかげで、朝も、通勤途中も、勤務時間も充実した時間に早変わりするのです。

多くの人が「時間に追われている」と感じたり、逆に「時間をムダにした」と感じたりするのは、このたった2時間の「最高のひと

「最高のひととき」があれば1日がまるごと幸せ
今夜あの人に
会えるから
今日はいい気分

とき」を設定しないで毎日を過ごしてしまっているからです。

もし、時間に追われている人が「今日もこんなに仕事ができた」と手ごたえを感じられる日々を過ごせたらどうでしょうか？

もし、ムダに休日を過ごしてしまう人が「今日もリラックスできた」と豊かさを感じられる日を生きられたらどうでしょうか？

日々のやるべきことをこなしつつ、リラックスもでき、さらに将来の自分のために時間が使えたとしたら——。

しかもそんな毎日が、1日24時間のうち、たった2時間で得られるとしたら。

簡単に人生が変わると思いませんか？

「今年も何も変わらなかった」からサヨナラする方法

これは1週間や1か月でも、もちろん1年といった単位でも同じです。

充実したいい1年とは、365日すべてが大きな達成感や、ものすごいイベントの連続というわけではありません。

たとえば、私はある年にイースター島に旅行に行き、長年見てみたいと思っていたモアイを見ることができました。

イースター島の「アフ・トンガリキ」という場所でモアイを見たのはたった2時間でしたが、その年は、それを思い出すだけで「いい1年だったな」としみじみ感じることができます。

また、ある年には、趣味のクラリネットのライブを開催しました。
イベントは約2時間で、演奏はそのなかでもたった30分程度でしたが、その日を思い出しても「いい1年だった」と思います。

▼積み重ねてきたことを列挙してみる

こうやって「最高のひととき」を積み重ねていくと、いつの間にか遠くまで行くことができます。

私の場合、

・起業することができた
・1000人規模の講演会を開催できた
・書籍を10冊以上、商業出版できた
・TOEICで925点が取れた

・クラリネットのライブができた
・東京マラソンを完走できた

こんなふうに毎年「いい1年だった」と思い返せるように、仕事やプライベートで積み重ねながら生きています。

やってきたことを列挙してみると、自分なりに「けっこういい人生だな」と思えます。

ただし、当然これらは一気にやったわけではなく、何年もかけてやってきたわけです。

「書籍を10冊、商業出版できた」という年の数年前には、当然ですが「初出版できた」という〝いい1年〞があるし、そのずっと前には「メルマガをはじめた」という〝いい1年〞もあります。

毎日1通のメルマガを書くことは、とても小さなことかもしれません。

しかし、日々、小さな達成感を味わって続けていれば、最後には大きな成果につながるわけです。

また、クラリネットのライブを開催するまでは10年以上かかりました。

36歳で音楽教室に通いはじめたので、なかなか中高生の部活のようには早く上達しないのです。

毎日の練習は本当に短時間です。

仕事の合間の気分転換として吹いて、すぐに仕事に戻ります。

それでも毎日やっていると、だんだんとうまくなるものです。人前で披露できるレベルになったときは、とても感動しました。

1年は365日もあるわけですから、何かに集中すればかなりの成果が得られます。しかも「いい1年だった」と充実感も得られます。

何者かになろうと苦しんだり、すぐに成功しようとするのではなく、そうやって充実した1年を楽しんで過ごしながら、**1つひとつ「最高のひととき」を積み重ねていくこと**が、理想の人生を生きるコツなのです。

手段が目的になってしまうと、幸せにはなれない

テーマパークで「早くしなさい！」と、子どもを急かしている親を見ることがあります。ちょっとイライラした感じです。

子どもは叱られて不服そうで、とても楽しんでいるようには見えません。

楽しむためにテーマパークに来ているはずなのに、親子で険悪になるなんて、なんだかおかしいですよね？

たくさんのアトラクションに乗るとか、最前列でショーを観るということは、楽しむための手段にすぎません。

しかし、いつの間にか手段が目的になってしまっているわけです。

これは、人生全般についても言えます。
人はそれぞれ、いろいろなことを目指しているはずです。

・仕事でいい結果を出す
・資格を取得する
・100万円貯める
・マラソンを完走する
・彼氏・彼女をつくる
・起業する
・アーティストとして成功する

これらの目標は**幸せになるための手段**にすぎません。

人生の目的は誰しも、「幸せになること」です。
仕事でいい結果を出したら、どんな気分でしょうか？
きっと自分を誇らしく感じるでしょう。
資格を取れば、達成感を得られて、自信も持てるかもしれません。
目標を達成すれば、とてもいい気分なのだと思います。
幸せとは、こういった〝心の状態〟のことを言います。
つまり「いい感情」のことです。

▼その結果から、どんな感情が得られるか？

このように、人は何かを目指しているとき、**結果そのものではなく、そこから得られる感情が欲しくてがんばっている**のです。

仕事でいい結果を出しても、感情的に苦しいだけなら、誰もが継続してがんばれません。

つまり、どんな目標を立てても、最終目的はその感情を得ることなのです。

幸せな人生を送りたいのであれば、これを忘れないでください。

大事なことは、人生において「自分が得たい感情は何なのか」をしっかりと知ることなのです。

自分を幸せにしてくれる「たった2時間」をつくる

ここまでのお話で、どうすれば幸せになれるか？　そのポイントはとてもシンプルだということがわかったと思います。つまり、

①自分がどんな感情を得たいのかを知り
②その感情を得られることを日々おこなう

この2つだけでいいのです。

しかも「日々おこなう」と言っても、先述のとおり、長くてもたった2時間で

いいわけですから、これなら多くの人が幸せな人生を送れるはずです。

▼幸せの最短距離を進もう

ですが実際、多くの人は自分の人生を幸せだと感じていません。
もちろん、日本に住んでいる人の多くが「幸せか？」と聞かれたら「はい」と答えると思います。安全だし、清潔だし、便利だし、ちゃんと食べていけるし、娯楽もたくさんあるし……。しかし「心の底から充実していて最高」というわけではない人がほとんどです。

じつは、多くの人が幸せの遠まわりをしているのです。最短距離で幸せになればいいはずなのに。

日本のような素晴らしい環境に生きていたら、誰もがもっと幸せになれます。もっと自由に、自分らしく生きていけるのです。

ムダな時間を過ごすだけのつまらない人生からは、すぐに卒業できます。

それには、キャリアアップして年収を上げる必要はありません。
また、有名起業家になって大成功する必要もありません。
世の中から称賛される必要もありません。

必要なことは、本当に自分を幸せにしてくれるたった2時間をつくること、それだけなのです。

これなら誰でもすぐに、毎日を幸せに過ごせるはずです。
そして、その充実した日々を積み重ねていると、いつの間にか理想の人生に到達することができます。

24時間365日ずっとがんばる必要はありません。1日たった2時間だけは、あなた自身の幸せにフルコミットしてほしいのです。

たったそれだけで、あなたの人生は変わります。

なぜ、毎日がイマイチ充実しないのか

たった2時間あれば幸せになれるにもかかわらず、なぜ多くの人は充実した人生を送れていないのでしょうか？

毎日忙しいだけで、充実感を得られないのはなぜでしょうか？

一方、まとまった時間があってもムダにしてしまうのはなぜでしょうか？

答えはとてもシンプルです。

自分が何をすれば充実して幸せになれるのかを、知らないからです。

自分がどんな感情を得たいのかを知らないし、何をすればその感情を得られるのかもわかっていません。

ですので、自分が得たい感情を得ることなく、たんたんと日々を過ごすことになってしまうのです。

ではなぜ、現代人は自分の幸せを自分で理解していないのでしょうか？
その原因を私なりに探っていくと、5つに整理することができました。

その5つとは、次のようなものです。

①安心を求めすぎる
②お金がないと何もできないと思っている
③「やりたいこと」が大事すぎて温存している
④たくさんやったほうが充実すると思っている
⑤他人の目を気にしすぎている

1つずつ解説していきます。

▼この5つの考え方は、いらない

①安心を求めすぎる

自分がやりたいことよりも、波風立てずに安心して生きていけるほうを優先するという考え方です。

しかし「**ちょっとでもリスクがあるなら、やらない**」**という判断をしていると人生はつまらないものになる**でしょう。

・食べたことのないメニューは頼まない
・映画はネットで無料になるまで待つ
・仕事ではミスして怒られないことが最優先

・面白そうな職業より、安定した職業を選ぶ

こういう生き方をしている人も少なくないと思います。

このような考え方になってしまうのは、もしかしたら「失敗しないように」と言われ続けて生きてきたからかもしれません。

または、マスコミやネットニュースで恐怖を煽《あお》られているからかもしれません。

こうやって日々を過ごしていれば、大きなトラブルに巻き込まれることは少ないかもしれませんが、チャレンジするワクワク感を得ることは難しいでしょう。

② お金がないと何もできないと思っている

「お金があれば美味しいものを食べられるのに」

「お金があれば旅行に行けるのに」

「お金さえあれば好きな服が買えるのに」

こう言って、何もしない人も少なくありません。

多くの人が「まずお金を稼ごう」と思って一生懸命にがんばります。いい学校に行って、いい会社に行って、副業や起業、もしくは投資でお金をつくって、お金ができてから好きなことをやろうと考えているのです。

しかし、素敵な洋服、レストラン、旅行は、そこまでお金がないと手に入らないのでしょうか？

あなたが幸せになるために、本当にそこまでお金がかかるのでしょうか？

多くの場合、じつは使うお金がないわけではありません。

高いとは言っても高級レストランでも数万円です。高級ホテルのラウンジで飲み物を頼むと数千円しますが、「絶対に払えないか？」と言われればそんなこともないと思います。

自分を本当に幸せにしてくれることは、じつはそんなにお金が必要ないのではないでしょうか？

私は海苔《のり》の佃煮《つくだに》が大好きで、食べるたびに幸せを感じますが、ほんの数百円で手に入ります。

多くの場合、「まずお金を稼いでから」と言うばかりで、自分が幸せになることに遠まわりしているだけなのです。

③「やりたいこと」が大事すぎて温存している

「やりたいこと」が自分にとって大事すぎると、やらずに先延ばししてしまうことがあります。

なぜなら、それが**大事すぎて失敗したくない**からです。

たとえば、歌を歌って生きていきたいのに、「評価されないこと」が怖くて挑戦しないという人もいます。

これはとても残念な考え方です。

自分にとって大事なことであれば、やっていれば幸せになれるはずです。なのに、大事すぎて行動に移せないのです。

④たくさんやったほうが充実すると思っている

いまは、ネットで日々いろいろな情報が入ってきます。

こんなに新しいことや面白いことがたくさんあるのだから、「あれもこれも全部やらなければ損」と思うこともあるかもしれません。

いろいろやるのは悪くはないのですが、どれも中途半端になってしまい、結局は何の充実感も得られなくなることもあるでしょう。

本来は、自分を幸せにしてくれるものを知り、1つでも2つでもそれらを行動に移せば、人生の満足感が高まるものです。

しかし、たくさんの情報から影響を受けて、自分の価値感を忘れてしまうこともあるわけです。

⑤他人の目を気にしすぎている

目立ちたくない、仲間外れにされたくない、批判されたくないということで、まわりと合わせすぎる人も少なくありません。

しかし、それでは**「ほかの人にとってはいいことでも、自分にとってはそこまで幸せでないこと」に時間を使ってしまうことになります。**

仕事を自分で抱え込みすぎてしまうのも、これが原因かもしれません。

人生をつまらなくしてしまう5つの考え方

1	**安心を求めすぎる** ・食べたことないメニューは頼まない… ・仕事はミスしないことが最優先…
2	**お金がないと何もできないと思っている** ・お金があれば旅行に行けるのに… ・お金があれば好きな服が買えるのに…
3	**「やりたいこと」が大事すぎて温存している** ・失敗するのが怖くて、行動に移せない…
4	**たくさんやったほうが充実すると思っている** ・あれもこれもやらなきゃ、損しちゃう…
5	**他人の目を気にしすぎている** ・目立ちたくない… ・仲間外れにされたくない…

「イマイチ充実しない……」を抜け出す5ステップ

毎日がイマイチ充実しない理由を説明してきましたが、では、そこから抜け出すにはどうすればいいのでしょうか？

安心してください。本書はそのためのステップを、このあと1章ずつに分けて解説していきます。

そのステップとは次の通りです。

①「やらなくてもいいこと」をやめる

②「自分の感情を満たしてくれるもの」を知る

③充実感を得られる1日を過ごす

④未来のためにも時間を使う
⑤幸福感を意識して味わう

簡単に1つずつ解説していきます。

▼この5つさえできれば、人生は思いどおり

①「やらなくてもいいこと」をやめる

最初におこなうべきは、「やらなくてもいいこと」をやめることです。

おそらく多くの人は忙しくて、新しいことをはじめようとしても日常生活のなかにそれが入る余地がない、という感じではないでしょうか？

日々の生活に追われていると、「忙しいのは仕方がない」「やることを減らせない」と疑問に思うかもしれません。

しかし、**しっかり振り返ってみると、人はびっくりするほどムダなことをしているということがわかります。**

ですので最初のステップは、自分がやっていることのなかで、自分も他人も幸せにしないムダなことを見つけて、それをやめていくことです。

それが、充実した2時間の「最高のひととき」をつくる第一歩となります。

第2章では、やめることの見つけ方、それをやめる方法についてお伝えします。

②「自分の感情を満たしてくれるもの」を知る

それが終わったら、次に自分を幸せにしてくれること、つまり「最高のひととき」を知るステップです。

「最高のひととき」といっても、そんな大げさなものではありません。

ささやかでも、自分が本当に幸せだと思うことで時間を満たす。これだけで、日々の充実感を高めることができるのです。

そのためにまず必要なことが、自分が得たい感情を知り、自分を幸せにしてくれることを見つけることです。

意外と、自分がどうなったら幸せなのかをわかっていない人は多いのです。

ですので、その手順についても詳しく説明します。

大金持ちにならなくても、有名人にならなくても、本当にやりたいことはできます。そして、最高に充実した1日はつくれます。

第3章では、その方法についてお伝えしたいと思います。

③ 充実感を得られる1日を過ごす

次は、その幸せな時間をどのように組み合わせれば、さらなる充実感や幸せが得られるのか？　わかりやすい言葉で言えば**スケジュール**の話です。

たとえば、ご褒美の予定を用意しておく、毎日のテーマを決める、「達成感、ふれあい、リラックス」をバランスよく取り入れる、といったことで毎日が充実感で満たされるようになります。

やることは一緒なのに、順番を変えるだけで、たった2時間でも「最高のひととき」をつくることができることも理解できるはずです。

このことについて、さまざまな事例とともに、第4章で詳しくお伝えします。

④ 未来のためにも時間を使う

ここまでの方法だけでも、自分の好きなことで時間を満たすことにより充実感を高めることができるでしょう。

しかし、短期的なことだけでなく、3年、5年、10年など、それ以上の時間をかけてコツコツ実現する大きな目標も大事です。

これを実現できれば、ものすごく大きな達成感や充実感を得られて、あなたがこの世を去るときに「いい人生だったな」と思えるようになることでしょう。

第5章では、そんな**大きな目標をどうやって立てるのか？ どのような計画を**

立てれば日々に幸せを感じながら大きな目標にたどり着けるのか？　そんな話をお伝えしたいと思います。

⑤ 幸福感を意識して味わう

最後のステップは、人生を味わうことです。

同じような生活をしていても、ある人は不満ばかり、ある人は幸せを感じられる、ということがあります。

これはその人の性格の問題ではなく、同じできごとから多くの充実感や幸福感を得られる方法があり、それを実践しているかどうかの違いです。

たとえば、1つの仕事やイベントから得られる充実感や幸福感を3倍にすることができます。それはちょっとした工夫で可能なのです。

このように人生をより味わう、楽しむ方法を第6章でお伝えしたいと思います。

これによって、あなたの2時間、そして1日はさらに価値の高いものになります。

この5つのステップを1つずつやっていけば、あなたの人生はみるみる充実していくことでしょう。

他人からあなたを見たときには一見変化がないようでも、あなたの内部では充実感や幸せに包まれているような生活を送れているはずです。

そして、いまの行動があなたの理想の未来につながっていることがわかって、その進歩を実感できるようになります。

最終的には、実際に未来のあなたが大きく変わることでしょう。

それでは、第2章に進んでください。

まずは、あなたの生活のなかにあるムダをなくして、時間やパワーの余裕をつくるところからはじめましょう。

第2章

「やらなくてもいいこと」をやめて、素敵な時間を増やす

現代人の生活は、想像以上にムダであふれている

「充実した日々」「理想の人生」を手に入れるために、まずやるべきことは、「やることを減らす」です。

やることを減らすと、時間の余裕ができます。

そして、心の余裕も生まれます。

その余裕で、人生を豊かに変えていきましょう。

私は32歳で起業してから、自分の好きなことをして生きています。

昔から「人を育てる」ことが大好きで、セミナーやコンサルティングをして、本を書いています。

プライベートでも、旅行、映画、ジム、ジャズクラリネットのライブ演奏、東京マラソンなど、好きなことを楽しんでいます。

人生を豊かにすることで、毎日が満たされています。

しかし、**最初からやることを増やしていったわけではありません。最初はどんどん減らしていきました。**

というのも、会社員時代は本当にムダなことに時間を費やしていたからです。

私はＩＴ系の会社員でしたが、ダラダラと仕事をしていると、いつの間にか終電ギリギリになってしまうこともよくありました。

さらに、少しでも仕事を進めようと休日出勤してみても、結局、何が成果なのか説明できないという状況でした。

「残業しないと仕事は終わらない」と、本気で思っていました。

▼「終わらせよう」と思えば、案外サクッと終わるものだった

あるとき、平日の夜に習いごとをはじめました。

そうすると、定時の18時にはオフィスを出なければなりません。

習いごとがある日は、**「何が終われば会社を出ていいのか？」**と考えて、最短距離で仕事を終わらせていきました。

急ぎのメールから返事をし、提出する書類は必要最低限のレベルで仕上げ、打ち合わせは早い時間に終わらせ、その日でなくてもいいことはあとまわしにしました。

すると、ちゃんと定時に仕事を終わらせることができたのです。

しかも、成果にはまったく支障がありませんでした。

プレゼン資料の文字のフォント1つにこだわっていた時間は、ほとんど意味がなかったのだと気づかされ、自分はどれだけムダなことをしていたのか、心から思い知りました。

そうやって**やることを減らすことができたので、私は起業の準備の時間を確保することができました。そして、最終的には会社を辞め、自分でビジネスをするようになりました。**

人生を好きなことで埋めていくために、「やらなくてもいいムダなこと」を減らすことからはじめてください。

日常には、やらなくていいことが本当に多いです。

なんとなくのSNS、ダラダラとテレビを観る時間、ムダな会議、成果につながることのない資料、つまらない飲み会など、意識しないと惰性《だせい》で続けてしまうものなのです。

「これは本当に必要か？」と、考えるところからはじめてみましょう。

アンマンで昼間から
ビールを飲む大人たちに学んだこと

ここで少し、私の体験談を書かせてください。

大学時代の私はバックパッカーで、長い休みのたびに海外旅行に行きました。

ある年「ペトラ」という遺跡を見に、ヨルダンに行ったときのことです。

ここで、人生観が変わる体験をしました。


ペトラは、映画『インディ・ジョーンズ　最後の聖戦』のクライマックスのロケ地で使われて有名になった場所です。

私は関西国際空港からモスクワ経由で、首都であるアンマンに到着しました。

ペトラのある町までは、次の日のバスで向かう予定です。

その日は日本人の多い安宿に泊まり、アンマンの街を散策していました。

平日の午後、アンマンの街は中東特有の暑さです。石造りの建物の陰に入ると、とてもひんやりしています。

▼私たちは、もっと自由でいいのかもしれない

細い路地を歩いていると、ある光景が目に飛び込んできました。
その光景に、私は衝撃を受けました。
平日の昼間から、男たちがカフェでサッカー中継を観ていたのです。
私は路地で立ち止まりました。
何十人もの男たちが、ビールを飲みながらテレビを観ています。
真剣な顔で観ている人もいれば、笑いながら観ている人もいます。
私の頭のなかは、処理できない疑問でいっぱいです。

「この人たちは、仕事はしないのだろうか？」
「これで生きていけるのだろうか？」
「どんな生活をしているのだろうか？」

大学生だった私には、到底、理解できないものでした。

大人は毎日通勤して働いているものだと思っていましたし、それが「社会」だと思っていました。

しかし、それは自分のまわりの「狭い社会」でしかないことに気づきました。

「あれ？　自分は必死になって勉強してきたけど、そこまでしなくても死ぬわけじゃないのかな」と、肩の力が抜けました。

「国」とか「会社」とか「お金」とか、いろいろな枠組みがありますが、それは単なる概念に過ぎません。

もっと引いて見たら、**宇宙があって、太陽系に地球があって、そこでたまたま生まれて、いま生きている**というだけのことです。

自由に地球で生きればいいだけです。

楽しんだらいいわけです。

人間はみんなで協力して生きるために、「国」「会社」「お金」などのしくみやルールをつくっていますが、それは単なる手段に過ぎません。

地球で楽しく生きていくために、その手段として、「お金」という道具を使ったりもできます。「資格」を取ったりもできます。「SNS」を使ったりもできます。それは義務ではなく、単なる手段であり「おまけ」なのです。

終わりを意識すると、やるべきことが明確になる

私たちが地球にいられる時間には限りがあります。

日本人の平均寿命でいうと、80年ちょっとです。

普通に生活していると、これを忘れてしまいます。限りある大切な人生の時間をダラダラと無為に過ごしてしまうのです。

私は、この原稿を書いている段階で50歳です。80歳まで生きるとして、人生はあと30年です。いまのペースで働けるのは、もしかしたらあと10年くらいしかないかもしれません。

また、この歳になると、身近な人が亡くなることもあります。SNSでつなが

っている人の死を知ることもあります。それが私より若い人の場合もあります。

30代、40代はそうでもありませんでしたが、いまの歳になってみると、人生はそれほど長くないと感じています。

私が独立起業したのが32歳ですので、それから18年です。**この18年を振り返ってみると、10年でできることはそんなに多くないと実感します。**

ですので、これからの10年を大切に生きようと強く思うのです。

▼「やること」と「やめること」を決める究極の問い

もちろん100歳まで現役でバリバリ働いているつもりでいますが、それでも50代という10年間はとても貴重だと思います。

取り返すことのできない大切な10年ですので、やりたいことは全部やろうと思っています。

こういうとき、私は自分にこう問いかけます。

「もし、あと10年しか生きられないとしたら、自分は何をするだろうか？」

そして、自分がやっている1つひとつのことについて確認していきます。

「もし、あと10年しか生きられないとしたら、これを本当に続けるだろうか？やめるだろうか？」

本当に必要なことは何か？
本当は必要でないことは何か？
それらを明確にして時間の使い方を見直すと、劇的に人生が変わっていきます。

いますぐやめるべき「5つのムダ」

さて、ここで、あなたにとっての「やめること」をもう少し考えやすくするために、ヒントとなる5つのカテゴリーを紹介します。

これらのカテゴリーに含まれるものは、積極的にストップして問題ありません。もしかしたら、1日で3時間、ヘタしたら5時間くらい自由な時間が生み出せるかもしれません。そうすることで、「最高のひととき」のための2時間を手に入れてください。

①惰性で続けているが、やめてもじつは問題ないこと

②よく思われたいためにやっていること

③不安だからやっていること
④自分がコントロールできないこと
⑤積み上がらないこと

この5つは、ご自身ではあきらかなムダとは思っていないかもしれません。
しかし、実際はやめるべきことなのです。

▼これをやめるだけで、あなたの時間は増える

①惰性で続けているが、やめてもじつは問題ないこと

本当に必要かどうかを考えずに、惰性で続けていることは意外と多いです。
これをやめると本当にスッキリします。

「いままでこんなことに時間をかけて、わざわざストレスを感じていたのか！」

と、驚くほどラクになります。

たとえば、ある会社では議事録をメールで配布する前に、上司の承認をもらうルールだったそうです。

試しに承認なしで配布してみたら、まったく問題がなかったので、以後はルールが変わったとのこと。毎回のことですから、かなりの時間と労力の削減になりますよね。

また、知り合いの管理職の方は、前任者から引き継いだ「朝礼」をなくしました。まったく支障はなく部下にも好評だったそうです。その数十分だけでなく、準備の時間も合わせると、相当な時間の削減です。

ほかにも、会議で使われないデータの加工、監査で見られない資料の作成、名刺のファイリング、ハンコ、カレンダー配りなど、**やめても支障のないことはた**

くさんあります。

またプライベートでは、年賀状、大掃除、固定電話なども、やめても問題ない人は多いです。知り合いには「服をたたまない」という人もいます。

いまやっていることは本当に必要なのか？

しっかり検証して、効果がなければやめてしまうことが大事です。

② よく思われたいためにやっていること

以前、「街の清掃活動がしたい」という人がいました。

私がその方に、

「それは、誰にも知られなくてもやりますか？」

と聞いたら、彼は即答で、

「それならやりません！」

と言っていました。

つまり、その活動の目的は〝人に認められること〟だったわけです。

このように、他人からよく思われたくてやる行動はおすすめしません。

「褒められたい」「認められたい」という動機ではじめたことは、ろくなことがないのです。

「できる人と思われたい」と思って、ムダに凝《こ》ってつくった資料の評価は、意外とよくありません。

「いいことをしている人と思われたい」という動機でチャリティイベントをしても、なぜか誰にも評価されません。自分でも満足できません。

「すごいと思われたい」と思って資格を取っても、ただのコレクターになります。

なぜなら、相手のためという視点が抜けているからです。

自分がよく思われることを優先してしまい、相手に貢献できないので、結果的に相手に認めてもらえないのです。

それに、自分の評価を他人に明け渡していると、いつまで経っても幸せになれません。

③不安だからやっていること

あるセミナーに参加したとき、表示されているスライドをパシャパシャと撮っている人がいました。

あとで話したところ、「撮った写真を見返したことはないです」と笑って話していました。

このように、**「念のため」「何かのときのために」「不安なので」と思ってやる行動はあまり意味がありません。**

ほかにも、

- 不安だから、資格を取る
- 不安だから、資料を捨てずにとっておく
- 不安だから、つき合いの飲み会に参加する
- 不安だから、結婚する

こういうことは、あまりいい結果につながりません。

すべてにおいてリスク回避が最優先事項になっていると、人生がうまくいかないのです。

仕事に対する姿勢も、

「成功させるために思いっきりやる」

ではなく、

「失敗したときに責任を取らないように」

というスタンスになってしまいます。


ただし、**多くの人は、自分が不安だからやっているということに気づかない**ものです。


ぜひ、一度ご自身の心に聞いてみてください。

いまやっていることは、不安だからやっているのでしょうか？

心からやりたくて、やっているのでしょうか？

④自分がコントロールできないこと

私は、電車が止まって足止めされた経験が何度もあります。

このときにもっともムダなのは、「いつ復旧するんだろう」とずっと気にしていることです。

自分でコントロールできないことを心配しても意味がありません。

私の場合、こういうときはすぐにカフェに入ります。

そして、自分の仕事を黙々とこなします。1~2時間もすれば復旧して、何ごともなかったかのように移動できますから。

このように、**有意義に時間を使うためには「自分でコントロールできること」に集中することが大事**です。

営業マンであれば、最終的に買うか買わないかはお客様の判断です。そこはコントロールできません。営業でやるべきことをやったら、あとはお客様にゆだねるわけです。

また、M&Aなどの経営方針は、一般の社員にはコントロールできません。

株価や経済動向はさらにコントロール不能です。

天気もそうです。自由に雨や雪を降らせるなんてできません。たまに雨が降って落ち込む人もいますが、あなたには何の責任もありません。

他国で起こった悲しいできごとにも、過度に気にしすぎて時間を使うのはよくありません。ネットニュースを見て自分も不幸になっているのは、時間の浪費でしかありません。

コントロールできないことはきっぱり手放し、「自分がいまできること」に集中しましょう。

もちろん、自分の会社の経営方針や社会問題に「無関心であれ」と言っているわけではありません。

自分の希望を上司に伝えることや、困っている人たちのために寄付をするなど、自分にできることを探すのはいいと思います。

そして、**自分ができることに集中していると、だんだんと自分が影響を与えられる範囲が広がっていきます。**

⑤ 積み上がらないこと

5つ目はちょっと上級編になるので、まずは、ほかの4つのムダを取り除いてから考えましょう。

積み上がらないことの代表的なものが、ただお金のためだけにする仕事です。たとえば、ちょっと時間があるからといって、イヤイヤ数時間のバイトをする。これは多少のお金にはなるでしょうが、その後の自分の人生に、お金以外のプラスを与えません。こんな仕事はなるべく減らしてほしいのです。

同じように、**上司から意味もわからず指示された仕事、なんとなくまわりがやっているからはじめたSNS、興味がないけれどつき合いで参加している地域のイベントなども、本当はやめたほうがいいかもしれません。**

逆に、やるのであれば、それが積み上がって自分の資産になるようなものを選ぶことをおすすめします。

たとえば、**ブログなどでの発信は、積み重なって自分のコンテンツとなってくれます。また、たとえアルバイトでも意義を感じる仕事であれば、自分のスキル向上や経験の蓄積に役に立つ**でしょう。

積み上がらない仕事をやめて、そういった仕事に時間を使ってほしいのです。

ここで紹介した「やめるべき5つのムダ」が自分のまわりにないか調べてみてください。じつは自分のしている仕事の多くが必要ないことに気づくでしょう。

大胆に、やることを減らしてみるのがいいのかもしれませんよ。

いますぐやめるべき5つのムダ

1
惰性で続けているがやめても、じつは問題ないこと

・使わないデータ加工
・慣例のハンコ…etc

2
よく思われたいためにやっていること

・凝りすぎた資料
・使うことのない資格…etc

3
不安だからやっていること

・いらないプリントをまとめる
・つき合いの飲み会…etc

4
自分がコントロールできないこと

・天気を心配する時間
・経済ニュースで一喜一憂する時間…etc

5
積み上がらないこと

・なんとなくやっているSNS
・将来の仕事に絶対に関係のないアルバイト…etc

自分の時間を増やす4ステップ

次に、そのムダをどうやったら自然にやめられるか？　そのステップについて紹介したいと思います。

▼人生から「ムダ」を排除するために

ステップ1：やっていることをすべて書き出す

ノートとペンを持ってカフェにこもり、自分がやっていることを書き出してみると、いろいろ気づくことがあります。

思ったよりどうでもいいことをやっているし、思ったより大変な仕事をしていたりもします。

たとえば、人との調整に時間を取られていることに気づく人もいるし、活動時間がバラバラの家族全員の食事を用意していて、自分の時間がなくなっていることに気づく人もいます。

私の場合も、考える時間の多さに驚きました。

書き出して客観的に自分を見てみることで、ものすごく多くのことに気づかされました。

ステップ2：やめられそうなことを見つける

ステップ1で書いた紙を眺めていると、ムダなことがいくつか目についてきます。そのなかでも、いくつかはすぐにやめられそうだと気づきます。

先述の5つのカテゴリーに当てはめて見ていくと、気づくことも多いです。

さらに見つけやすくなるように、いくつか質問を用意してみました。

・もしやっていないとして、いまからそれをはじめるか？
・無人島に住んでいたとしても続けるか？
・10億円持っているとしても続けるか？
・寿命があと10年だとしても続けるか？
・80歳の自分がアドバイスしに来たとしたら、何をやめろと言うか？

このように極端な状況をイメージすることで、自分の気持ちを確認することができます。

ステップ3：試しにやめてみる

ふと「毎日メイクをする必要はないのでは？」と、試しにやめてみた人がいました。それでまったく問題がないことに気づいたそうです。

ほかにも掃除や買い物の回数を減らした人もいますが、とくに問題はありませんでした。


「試し」にやめてみて問題がなければ、そのまま本当にやめられます。もし問題があれば、再開すればいいだけです。


相手がいることでも、じつは、やめて問題ないことが多いです。

形骸化《けいがいか》した日報をやめた人もいます。

上司に何か言われるかと思ったら、とくに言われなかったそうです。日報の代わりに口頭で状況を伝えるだけで済んだのだとか。


私もハンコをやめました。ある大手企業に請求書を出すときに、「電子印」を押すように指示があったのですが、ハンコなしで提出したのです。

電子印と言っても、ただ赤字で「今井」と書いて丸で囲んだ画像のことです。

ネットにいくらでも出まわっているので本人確認の意味はまったくありません。

その金額は少額だったし、「どうしても電子印が必要なら、代金は結構です」とひと言添えて、ハンコなしで請求書を出しました。

結局、月末にはちゃんとお金が振り込まれていました。

やめても問題なかったのです。

そもそも、請求書にハンコが必要という法律はないですからね。

ステップ4：次からは引き受けない

すでに引き受けてしまった仕事を、途中で投げ出したくなるということもあるでしょう。

以前、友だちに「ネクタイを一緒に売ってほしい」と頼まれて、一度引き受けてみましたが、まったく売れませんでした。

セミナーや講演会であれば、苦労してでも工夫してがんばれるのに、ネクタイのときはまったくやる気が起きなかったのです。

自分の気持ちを確かめてみて、私は「人の成長」につながることしかやる気が起こらないのだということに、そのとき気づきました。

そのビジネスの手伝いは、キリのいいところまでやって終了しました。

それ以来、人の成長に関わることしか引き受けないようにしました。

こういった場合は、頼まれたことはしっかりやり遂げて、次からは引き受けないようにすればいいと思います。

そういう仕事をイヤイヤやったりダラダラと継続したりすると、相手からの信用を落としますし、気分の悪い時間を長く味わうことになってしまいます。

大変かもしれませんが、自分のやりたいことにまい進するためにも、相手の信頼を勝ち取るためにも、さっさとやり遂げてしまいましょう。

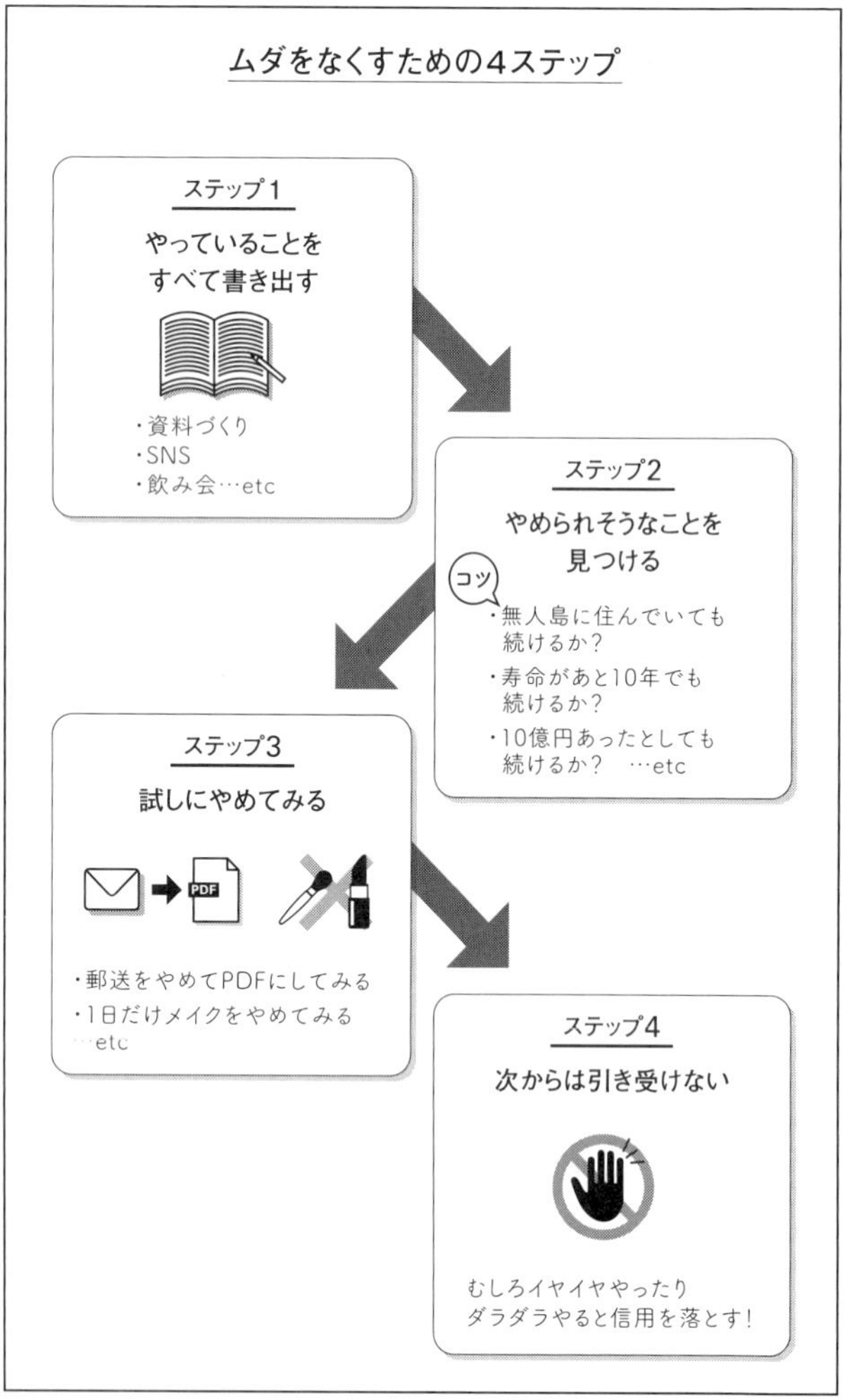
ムダをなくすための4ステップ
ステップ1
やっていることを
すべて書き出す
・資料づくり
・SNS
・飲み会…etc
ステップ2
やめられそうなことを
見つける
コツ
・無人島に住んでいても
続けるか？
・寿命があと10年でも
続けるか？
・10億円あったとしても
続けるか？ …etc
ステップ3
試しにやめてみる
PDF
・郵送をやめてPDFにしてみる
・1日だけメイクをやめてみる
…etc
ステップ4
次からは引き受けない
むしろイヤイヤやったり
ダラダラやると信用を落とす！

「ストレスが重いもの」からやめてみる

そうは言っても、いきなりはやめられないこともあるでしょう。

そういうときは、ストレスの重い順にやめてみることをおすすめします。

ストレスの重いものをやめると、心の負担がグッと減ります。

たった10分で終わることでも、「嫌だなぁ」という気持ちを2時間も3時間も感じてしまうこともありますので、やめると気分爽快です。

そして、1つやめるたびに大きな自由が手に入ることに驚くはずです。

▼時間の長さではなく、ストレスの重さでジャッジする

たとえば、時間はそれほどかからないにもかかわらず、私が大きなストレスを感じていたのは「靴磨き」でした。たった10分でも、なぜか、とても気が重いのです。

「明日外出をするから靴を磨かないといけない」というときには、なぜかダラダラとテレビを1時間も2時間も観てしまう、なんてこともありました。取りかかればすぐに終わるはずなのに、なかなか動けないのです。しかも、気になって仕事をする気にもなれません。

しかし、いまはいろいろな場所に靴磨きのサービスがありますので、気づいたときにお金を払って、靴を磨いてもらうようになりました。

また、暖房はファンヒーターが好きなのですが、一方で、そのために灯油を買

いに行くのがとてもストレスでした。夜に灯油が切れて、寒いなか、ぶるぶる震えながら買いに行くのはつらいものです。

しかし、それは灯油の配達サービスを見つけることで解決しました。

これらの作業から解放されたとき、私はとてつもなく大きなストレスから自由になれたことに気づきました。本当に日々が快適なのです。

会社員時代にやっていた経費の精算や、固定資産管理などのこまかい作業も大嫌いです。さらに言えば、毎日の通勤電車が本当に苦痛でした。

会社を辞めて独立起業し、これらから解放されたときの気分は本当に最高でした。自分がこんなに大きなストレスにさらされていたのだということを、あらためて実感しました。

たった10分のムダをやめるだけで、ストレスを感じながら過ごす時間がなくなったのです。

こうして、やらなくていいことをやめ、私は自由な時間を手に入れました。

そして、そうやってできた時間を「最高のひととき」に変えてきました。

その時間を使い、日々の充実を味わいながら、理想の人生を実現するために、積み重ねていったのです。

第3章

「何が自分を満たしてくれるのか」を知る

小さな幸せで毎日を埋めていく

コーヒーを淹《い》れ、好きな小説を読むのが私の日課です。新鮮な豆の香りを感じながら物語の続きを読む時間は、最高の贅沢です。

こんな「小さな幸せ」を日々のなかで感じられるのが、もっとも大切なことだと私はつくづく思っています。

なぜなら、自分でビジネスをして、本も出して、大きな講演会もやりましたが、そんな大きな達成感は年に数回しか味わえないからです。

残りの300日以上がむなしいままであれば、大きなことを成し遂げても、それは幸せではないなと思ったのです。

幸せになるためには、小さな幸せで毎日を埋めていくことが一番です。

前章で解説したように、ムダなことをやめることで、想像以上に多くの時間が手に入ります。

そのなかの2時間だけでいいので好きなことで満たして「最高のひととき」をつくれば、毎日、幸せを感じて生きていくことができます。

とてもシンプルなのですが、これをやっていない人が多いのが実情です。

なぜなら、**自分を幸せにしてくれることが何かを知らないから**です。

その証拠に、以前、こんな質問を脈絡なくもらったことがあります。

「今井さんは、クルーザーとか買わないんですか?」

唐突すぎて意味がわからなかったのですが、その方は「お金持ちはクルーザーを買うもの」というイメージがあったから聞いたそうです(私はそんなにお金持ちではないのですが)。

そこで聞き返しました。

「あなたがお金持ちになったら、クルーザーを買うんですか？」

その方の答えは、

「う〜ん、買わないと思います」

でした。

私も、お金がたくさんあってもクルーザーは買わないと思います。

クルーザーが好きな人は買うし、興味のない人は買いません。お金があるかどうかの問題ではありません。

「毎日、高級レストランで食事しているんだろうな」

「高級車を乗りまわしているんだろうな」
「プライベートジェットに乗れていいな」

たしかに、私もお金持ちの人たちをうらやましく思ったことがあります。

しかし、**よく考えてみたらクルーザーには興味がないし、毎日高級レストランで食事をすれば飽きるし、高級車もプライベートジェットも必要ない**ということに気づきました。

▼結局、自分だけの「最高」を見つけるしかない

マイケル・ジャクソンという米国の伝説的歌手なんて、自分だけのテーマパークを持っていました。それを聞いたときはすごいと思いましたが、実際は365日遊ぶわけでもないので、「自分だけのテーマパークが欲しいか?」と言われたら、とくに欲しくないと思いました。

ほかにも、「不労所得で暮らして、死ぬまで働かなくていい」と聞くとうらやましく思うかもしれませんが、そんな生活をしている人はめったにいません。

裕福な家庭に生まれて働かなくていい立場の人を2人ほど知っていますが、彼らはのんびりすることはなく、あれこれ仕事をしています。「何もしない」というのはつまらないのでしょう。

また、投資で億単位のお金を手に入れた人も知っていますが、何もしていないとき、その人はうつになっていました。

結局、何もしないで幸せに過ごすというのは幻想なのだと思います。

本当に幸せになるためには、そんな輝かしい生活ではなく、「自分の最高」を見つけるしかありません。言葉を変えれば「自分軸の成功」です。

あなたが幸せになるためには、「本当に」あなたが欲しいものを見つけないといけないのです。

自分のことは、自分では意外とわからない

「幸せになるためには、自分の幸せが何かを知ることが必要」と言われても、「そんなことわかってるよ！」という反応もあるでしょうし、「でも、それが難しいんだよ！」と言う人もいるでしょう。

そうなんです。当たり前なのに案外、難しいテーマなのです。答えられない人のほうが多いかもしれません。

というのも、自分の心は見えないし、生まれたときに設計図や説明書がつけられているわけでもありません。

多くの場合、普通に生きていたらわからないものです。

その理由はシンプルで、**日常のなかで「自分」という存在を客観的に観察することがないから**です。

▼リストをつくれば、答えが見える

ただ、難しいテーマのわりに、自分の幸せは意外とシンプルに探すことができます。設計図や説明書がなくても、自分の「心の反応」は感じられるからです。

解決策は簡単です。

自分が何を好きでいるかをとにかく挙げていき、「自分を幸せにしてくれるものリスト」をつくるだけです。

あらためて自分を観察して、心の反応を確認するわけです。

次項で解説していきます。

「自分を幸せにしてくれるものリスト」をつくる

私はサウナが好きです。
桃も好きです。
コーヒーも好きです。
ですので、カフェも好きです。
午前中にカフェで仕事をすると、それだけで気持ちがいいです。
仕事が進むとさらに気分がいいです。

こうやって、あらためて自分が好きなことを書き出してみると、いろいろ気づきます。

「あ、あれも好きだった」「これも楽しい」という発見があるのです。

・夏の雲を見たら気分がいい
・服をたたむと気持ちいい
・ソファのクッションが好き

こんなふうに小さなことに気づくと、自分を幸せにしやすくなります。意識的に、自分を幸せにする時間を増やすことができるからです。

書いていて思い出しましたが、私はあるドーナツ屋さんの景品でもらったコーヒーカップがとても気に入っています。重さがちょうどいいのです。

そこで、わざわざネットで調べて、もう1つ同じものをオークションサイト経由で購入したぐらいです。値段は数百円だったと思いますが、コーヒーを飲むたびに幸せです。

このように**「自分を幸せにしてくれるものリスト」をつくると、それだけで幸せに一歩近づきます。何が自分の幸せなのかがわかってくるからです。**

そして、それらが「最高のひととき」をつくる要素になるわけです。

▼リストづくりのコツ

このリストをつくるコツがあります。

それは、次の3つのカテゴリーに分けて考えることです。

①簡単にできること

②ちょっと無理すればできること

③とんでもないこと

この3つのカテゴリーで考えると、日常の小さな幸せも再確認できるし、制約を外した大きな夢を気兼ねなく書くこともできます。

①簡単にできること

これは先述したような、

・サウナ
・桃
・アロマ
・ハーブティー
・お風呂
・ネイルサロン
・マッサージ

・映画
・飲み会
・とんかつ
・ブログ記事を書く
・クライアントの相談に乗る

など、日常ですぐにできるもののことです。

やろうと思えばすぐにでもできる、簡単で小さな幸せです。

こういった小さな幸せも思いつかないという場合は、「好きな食べ物」から思い出すのがいいでしょう。これはだいたいの人が答えられるからです。

「好きな食べ物」を考えるときは、過去に美味しかった料理などを思い出して、イメージをしていると思います。

そして、「美味しかった」という感情を心のなかで再現しているはずです。答えを自分のなかから出している状態です。

簡単に言うと、これが自分軸です。頭で考えるのではなく、心で感じています。

食べ物以外を挙げるときも、この感覚が大切です。

「ああ、温泉は気持ちいいよな」「アクション映画を観るとスカッとするよな」というふうに、感情を味わいながらリストをつくるわけです。

②ちょっと無理すればできること

これは、**多少の負荷はかかるけれど、できること**です。

たとえば、私であればこんなことが浮かびます。

・温泉旅行
・ハワイ旅行
・ジムでパーソナルトレーナーをつける

・いいコートを買う
・フルマラソンに出場する
・スカイダイビングをする
・クラリネットのライブをおこなう
・本を出版する
・大きな会場で講演会をする

私は趣味でクラリネットをやっていますが、人前で演奏するのはけっこうな練習が必要です。ですので、このカテゴリーに入ると思います。

③とんでもないこと

これが叶ったらとんでもなく嬉しい、ということを挙げていきましょう。

このカテゴリーは、制約を外して、自由に妄想してください。

・10億円の大豪邸を建てる
・プロ野球の始球式で投げる
・ハリウッド映画に出演する
・1000万部のベストセラーを書く
・大阪の新幹線の駅を、新大阪から梅田に移す
・世界平和

このように3つのカテゴリーに分類してみると、とんでもなく大きなことも意外と出てくるものです。できるかどうかは関係なく、気楽に書き出せます。

自分の欲求がわかればわかるほど、自分を幸せにしやすくなるのです。

「自分を幸せにしてくれるものリスト」をつくろう

①簡単にできること
［例］サウナ、アロマ、映画…etc

②ちょっと無理すればできること
［例］ハワイ旅行、スカイダイビング、いいコートを買う…etc

③とんでもないこと
［例］1000万部のベストセラーを書く、プロ野球の始球式で投げる…etc

「味わえる感情」で、行動を選ぶ

「幸せ」とひと言で表現しても、さまざまな種類があります。

・お風呂に入って「ああ幸せ」
・運動をして「気持ちいい」
・お酒を飲んで「楽しい」
・カラオケで歌って「スッキリ」
・仕事が終わって「やったぞ！」

いろいろな幸せの種類を知っておくと、「自分を幸せにしてくれるものリスト」をつくりやすくなります。

日々のなかでの幸せに気づきやすくなるからです。

人間は、1つの感情をずっと味わっていると飽きてしまう生き物です。

お風呂に何時間も入っていれば疲れるし、ビールが一番美味しいのは1杯目です。定年を迎えた人を何人か知っていますが、解放感を楽しめるのは半年くらいだと言っていました。

私も旅行をしているとだんだん満足してきて、仕事をしたくなってきます。

ですので、**幸せになるためには、さまざまな感情を味わえるほうがいい**わけです。できれば、1日のなかでいろいろな感情を味わえることが理想です。

▼幸せの3つの種類

このような幸せの種類はいくらでもこまかく分類できますが、次のように大まかに3つに分類するのがわかりやすくていいと思います。

①達成感
②ふれあい
③リラックス

「自分を幸せにしてくれるものリスト」をこの3種類に入れて見てみると、自分が感じる幸せの傾向がわかります。

また「達成感を味わえるのは、ほかにどんな場面があるだろう?」などと考えることで、幸せを感じる瞬間を思い出しやすくなります。

この3種類の幸せの感情について、説明しておきます。

① 達成感

仕事が終わったとき、筋トレを終えたとき、またはゲームをクリアしたときなど、**何かをやり遂げたときに味わえる感情**です。

先述しましたが、私の友人には莫大な資産があって、お金のために働く必要のない人も数人います。しかし彼らは遊んで暮らすことはなく、ビジネスやボランティア活動をしています。

やはり**人間が幸せに生きるためには、何かに取り組んで達成感を得ることが必要**なのだと思います。

後述しますが、達成感は大きな仕事からだけでなく、小さなタスクからであっても得ることができます。

②ふれあい

家族と一緒にいるとき、子どもや孫を抱いているとき、友人と遊んでいるとき、同僚や仲間と飲んでいるときなど、**他人とのコミュニケーションを取っていると**

きに味わえる感情です。

私の場合、クライアントの方々と話しているときにもこの気持ちを感じられますので、仕事を通じて「ふれあい」も得られるわけです。

③リラックス

リラックスは、お風呂に入っているときや公園を散歩しているときなどに感じられる種類の幸せです。映画を観たり、音楽を聴いたり、お酒を飲むことによって感じられる人もいます。

大切なのは、この3つの幸せのバランスです。

一生遊んで暮らせるお金があっても、何かに取り組んで**達成感**を味わえなければモノ足りないと感じるかもしれません。

ネットビジネスやデイトレードで大儲けしてものすごい達成感を得られても、ずっとモニターの前で1人きりでは**ふれあい**を感じられず、むなしくなるかもしれません。

仲間とずっと一緒にいると楽しいですが、やっぱり1人で**リラックス**する時間も欲しくなるのではないでしょうか。

この**3つの幸せのバランスを考えて、たった2時間の「最高のひととき」をつくる**ことで、簡単に幸せな人生を手に入れることができます。

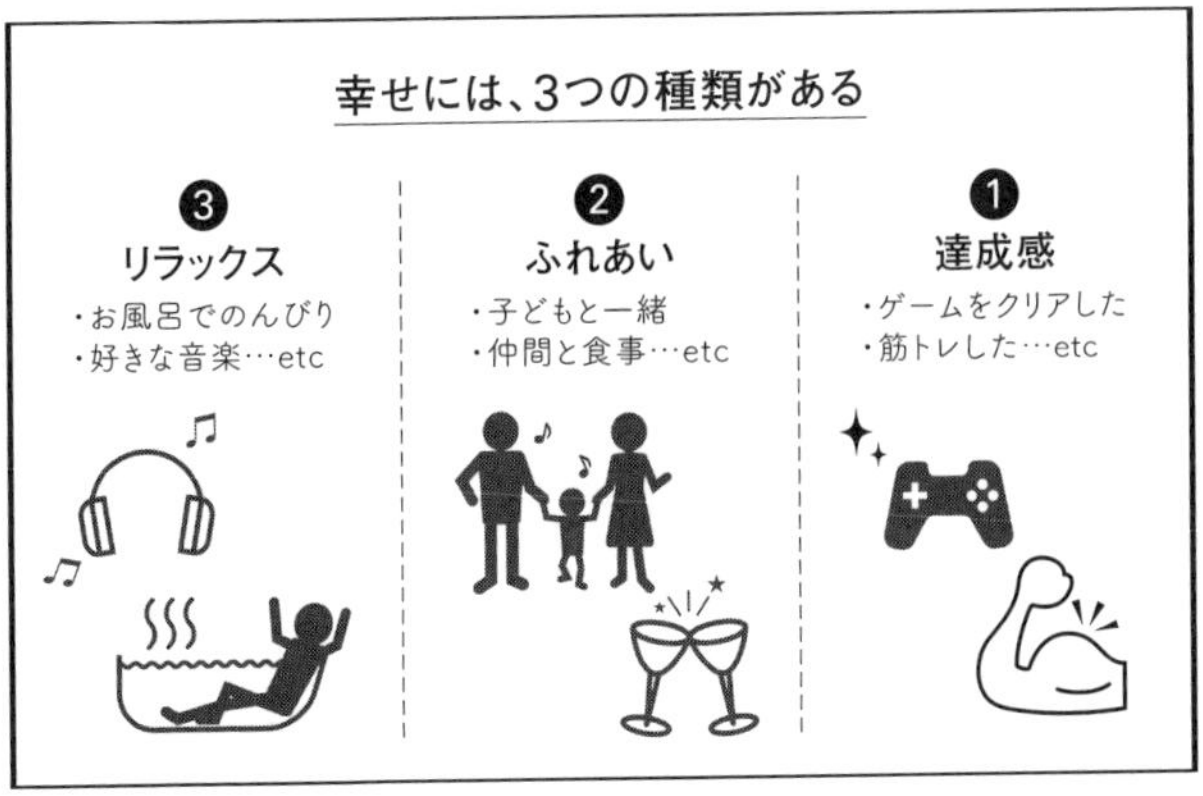
幸せには、3つの種類がある
❶
達成感
・ゲームをクリアした
・筋トレした…etc
❷
ふれあい
・子どもと一緒
・仲間と食事…etc
❸
リラックス
・お風呂でのんびり
・好きな音楽…etc

「幸せ」と「一時的な快楽」の違いを見極める

「幸せ」と間違えやすいものがあります。それは、**一時的な快楽**です。

人間は「やることがなくて退屈」なとき、もっと大げさに言えば「人生がつまらない」と感じるときには、手っ取り早く「一時的な快楽」を得ようとしてしまいます。


たとえば、ゲーム、テレビ、ネットでの動画視聴などは、そのときは楽しいのですが、終わったあとには「不毛な時間だった」と感じる人が多いようです。ひどい場合には罪悪感におそわれるという人もいます。

こういったものは中毒性があるので、ついついやってしまいますよね。

このように「幸せ」なのか「一時的な快楽」なのかを見分けるための簡単な方法があります。それは、自分にこう問いかけることです。

「それをしている自分自身を好きだろうか？」

ゲームをしているときは楽しいですが、はたして、それをやっている自分は好きでしょうか？

もしその答えが「NO」であるならば、やはり時間の使い方を見直したほうがいいと思います。

逆に、ゲームをやっている自分が好きであれば、それは充実感に結びついているので問題ありません。

たとえば私が小学生のころは「ファミコン」ブームで、何時間もゲームに熱中していましたが、それはとてもいい思い出です。

一方で、電車でずっとパズルゲームをやってしまっていた時期があるのですが、自分はムダなことをしていたと思います。

▼「好きなこと」と「好きな自分」を両立させる

もし、それをしている自分が好きでない場合は、やっていてもむなしくなるだけです。つまらない人生が続くことになるので、やめるのが得策です。

しかし、ただやめても、やることがなくて苦痛を感じることになります。

ですので、**一番いいのは「それをするのが好き」で、かつ「それをしている自分も好き」な行動に置き換える**ことです。

たとえば、ゲームをやめて映画を観ることもできます。

「映画を観るのが好き」で、かつ「映画を観ている自分も好き」という人であれ

ば、その時間はとても有意義なものになるでしょう。

このように、同じ娯楽でも、「それをやっている自分が好き」と思えるものがあるはずです。そういうものを意図的に選べばいいわけです。

私の場合は、クラリネットを吹くのも好きですが、クラリネットを吹いている自分も好きです。「ここが吹けるようになった」と喜びも感じられるし、あとから「今日も練習して、自分えらい」とも思います。

「好きなこと」と「好きな自分」を両立させることで、ずっといい気分でいられるのです。

ちなみに「するのは嫌」だけど「それをしている自分が好き」ということもあります。

たとえば「ゴミ拾いは面倒」だけど「ゴミを拾っている自分は誇らしい」という人もいるわけです。**この場合は、みんなでゴミ拾いをするなど、それ自体を楽しむ工夫をすればいい**でしょう。

100億円を手にしても海苔の佃煮は食べる

私が事業に大成功して、100億円の資産を築いたとします。

もしそうなっても、私を幸せにしてくれる「海苔の佃煮」は食べているでしょうし、「ランニング」はしていると思います。

お金があるから海苔の佃煮ではなくキャビアを食べるとか、ランニングをほかの人に代わってもらうとかいうことはないでしょう。

そこは、お金があってもなくても変わりません。

ということは、**海苔の佃煮を食べているときや、ランニングをしているときは、すでに成功している**とも言えるわけです。

ですので、私は走りながら「自分は幸せだ」といつも感じています。

▼自分が「すでに成功している」ことを実感する

多くの人は「成功して幸せになりたい」と思っています。言い換えると「自分は成功していない」と思っているのです。

しかし、そんなことはありません。

大好きなことをしているときのあなたは、すでに成功しています。

お金持ちでなくても、有名人でなくても、その時間は幸せなはずです。

つまり、好きな映画を観ている2時間や、好きな仲間と飲んでいる2時間は、すでに成功しているのです。

それらの行動が、これから先どんなに成功してからでもやりたいことならば、いまそれができているあなたは成功しているのと同じであると気づきましょう。

1日は24時間しかないのですから、寝ている時間も含めると、多くの人は人生の半分ぐらいは大成功しているのではないかと私は思うのです。「成功」とは案外そういう小さなことなのです。

ですので、今日からは思う存分「幸せな成功者」としての人生を楽しんでしまってください。

第4章

毎日が幸せなスケジュールの立て方

レストランでデザートから食べる人は、あまりいない

さあ、毎日を最高の気分で過ごすための本番がやってきました。

本章から、いよいよスケジュールの話です。

前章で**あなたが幸せになれることをリストアップしてもらいましたが、それをどういう順序に並べれば、1日、1週間、あるいは1年が最高になるのか。2時間の「最高のひととき」はいつに設定するのか。それを考えていく段階**です。

たとえば、レストランや居酒屋では、いきなりデザートから食べる人は少ないと思います。

デザートは最後に食べるから満足度が高いのです。

同じ食事でも、順番が変わるだけで満足度が違いますよね。

私も先日、焼肉屋さんで最後にカルビを焼いてしまい、脂っこくて食べられませんでした。

食事を満喫するのに料理の順序が大切なように、毎日を充実して過ごすには、やることの順序が大切なのです。

▼日々の幸せは、順序で大きく変わる

スケジュールの立て方が悪いと、気分よく過ごせません。

「休みたい」と思いながら平日はイヤイヤ仕事をしたのに、せっかく休日になったら「あれをやらなければ」と気持ちが休まらないまま1日をダラダラ過ごしてしまった……。こんなのは嫌ですよね。仕事の日も休みの日も、どちらも最悪な気分です。

一方、これが**絶妙なスケジュールであれば、充実した時間が過ごせます。**

「やるぞ！」と平日は集中して働き、仕事が終わった休日は完全にリフレッシュできて、次の日からまた元気に仕事ができる。そうなれば最高です。

やることが同じでも、スケジュールの立て方だけで大きな違いがあります。

そのスケジュールの立て方の極意について、本章では解説していきます。

何をするかの前に、どんな時間にするか

スケジュールを立てるときには、いきなり「何をするか」を決めるのではなく、まずは、どんな1週間、1日を過ごしたいのかをイメージしてみてください。

ゆったりしたいのか？
モーレツに働いて仕事を終わらせたいのか？
何か新しいことを学びたいのか？

そういう「テーマ」を決めるわけです。

1つひとつのスケジュールを考える前に、「今週のテーマは何だろうか？」「今

日のテーマは何だろうか？」と全体像をイメージするところからはじめると、1週間や1日の流れを決めやすくなります。

▼「テーマ」が決まると、すべてがうまくまわり出す

テーマの例をいくつか挙げてみると、次のとおりです。

・新しいことを生み出す1週間
・やり遂げる1週間
・遅れを取り戻す1週間
・プロジェクトの準備を完了させる1週間
・学びの1週間
・人との出会いを楽しむ1週間

・企画を考える1日
・資料を仕上げる1日
・雑用を終わらせる1日
・プロジェクトを前に進める1日
・めいっぱい楽しむ1日
・ゆっくり休んで自分を癒す1日

テーマはその1週間や1日に意味を与えてくれます。ただ作業をしているときよりも意味を感じ、充実感を得やすくなります。

また、テーマに沿った仕事に集中できるという効果があります。

逆に言えば、テーマが決まっていないと、いろいろな種類の仕事に中途半端に手を出して、「今日は何をしていたんだろう」と達成感を得にくくなるわけです。

最高の1日になる、たった2つのこと

最高の1日を手に入れるために、大変なスケジュールを立てる必要があるのでしょうか？　いえ、そんなことはありません。

最高の1日は簡単に手に入ります。

そのために必要なのはたった2つだけです。


それは「ご褒美」と「達成する仕事」です。


これがセットになっているのがキモです。

仕事だけでもつまらないし、一方で、遊んでばかりだと仕事が気になってしまいます。

ですが、**やるべきことを達成してしまい、ご褒美の予定を思いっきり楽しめたら、かなり気持ちがいい**と思います。

このご褒美は2時間もあれば十分です。まさに「最高のひととき」です。

そういう気分のいいスケジュールを立てるわけです。

▼満足感や充実感が何倍にもなる

ただ漫然と目の前の仕事をこなし、なんとなく夜や休日を過ごしてしまうと、同じことをやっていても満足感や充実感が得られません。

しかし、**ちょっとスケジュールを工夫するだけで、仕事の集中力も高まるし、喜びを何倍も感じられる**わけです。

ここからは、この「ご褒美」と「達成する仕事」について、もう少し詳しく解説していきます。

「ご褒美」を先に予定に入れてしまう

以前、アニメ好きの友人が、すごく仕事をがんばっているときがありました。

不思議に思って聞いてみたら、**「金曜日に好きな声優さんのライブがあるから、それまでに仕事を終わらせて気持ちよく観に行きたい」**と言っていました。

これはまさに**「ご褒美」のパワー**です。これがあるだけで、人はよりがんばれるものなのです。

「この資料を完成させたら1杯飲みに行く」「ちょっと面倒な事務処理が終わったらスイーツとコーヒーを楽しむ」など、自分にご褒美をあげてください。

まさに「最高のひととき」を感じられる瞬間です。

「自分を幸せにしてくれるものリスト」をたくさん用意しておくと、ご褒美のバリエーションが増えて、毎日飽きることなく楽しめます。

このご褒美は、大げさに考える必要はありません。

小学生のころ、**「20分休み」**というものが午前中にありました。

そこで没頭してドッジボールをしたことを覚えています。

たった20分ですが、本当に楽しくてスカッとしました。そしてまた授業に集中できました。

ご褒美を味わえたかどうかは、このように満足して「よし、またがんばろう」と思えたかどうかで判断できます。

つまり、いいご褒美かどうかは時間の長さでは決まりません。また、旅行や高級な食事など、お金がかかるものだけではないということです。

2時間でも、20分でも、「よし、またがんばろう」と思えたら、いいご褒美なのです。

コツとしては、スケジュールにご褒美の予定から先に入れてしまうことです。「あのお店にランチに行こう！」と思うから午前中をがんばれますし、「夜はサッカーの試合を観よう！」と思うから、午後の集中力も高まります。

そして、たった2時間でも楽しみな予定が週末にあれば、この1週間がワクワクするものに変わります。

ご褒美を先に決めておくと、その時間に向けてがんばろう、そこまでには仕事をひと段落させよう、というモチベーションが働くのです。

逆に、そういう予定を先に入れておかないと、日常は仕事でどんどん埋め尽くされていきます。「仕事がひと段落したら映画でも観よう」と思っていると、いつまで経っても映画を観ることができないのです。

私の経験では、ダラダラと長時間働いても、結局はだいたい同じ仕事のアウトプット量になります。

であれば、最初からご褒美の予定を入れておいたほうがいいと思います。

起業したとある友人は、忙しかった時期、朝から寝るまでずっと仕事をしていたそうです。すると、つらすぎて仕事ができなくなってきました。**仕事以外の時間を入れないと、余計に効率が悪くなる**ものなのです。

▼1年を何倍も楽しむ方法

私が「ご褒美」に関して毎年やっていることは、その年に公開される映画をあらかじめ調べておくことです。

映画の公開時期はかなり前から決まっていますので、検索すればすぐに出てきます。お気に入りのシリーズの次回作や、有名監督の新作の公開時期をチェックしておき、**ご褒美の予定としてストック**しておきます。

何か月も前からワクワクしていられるので、映画好きにはおすすめの方法です。

ほかにも、コンサートや演劇や美術展の予定もそうですし、オリンピックやワールドカップなどの予定も決まっています。新しい施設のオープン時期も公開されているので、予定に組み込みやすいです。

また、海外旅行や大きなイベントへの参加といった予定も、早めに計画しておいたほうがいいでしょう。

ホテルや飛行機などは早く予約しないと満席になりますし、直前になるほど値段も高くなります。私は遅くとも3か月前には予約するようにしていて、そのために半年くらい前から計画しはじめます。

こうやって、**年間のご褒美の予定が決まっていると、大きなプロジェクトもそれに向けてがんばることができる**のです。

「達成する仕事」を1つ決める

さて、次に考えるのは**「達成する仕事」**です。

あらかじめ決めたご褒美までに達成したい、もっとも大切な仕事は何でしょうか？「これが終わればOK、遊びに行ける」という仕事を決めるわけです。

おすすめなのは、たった1つを選ぶことです。

もちろん、こまかい仕事が5つも6つもあるときもあるでしょう。

それでもなお、**「この1つをやり遂げたら最高だ！」**と言えることを決めておくことをおすすめします。

やってみると実感できますが、**仕事が5つ中途半端に進んだときよりも、たっ**

た1つだけでも仕事を終わらせたときのほうが、達成感が大きいものです。

多くの人が日々、達成感を味わっていないのは、「今日、何を終わらせるのか」が不明確だからです。

・資料を完成させる
・イベントの準備をする
・受注を取って売上を上げる

など、達成したら嬉しいことを具体的に1つ選びましょう。

そして、**その仕事を中心にして1日や1週間のスケジュールを組む**わけです。

ほかのことをまったくやらないわけではありませんが、その1つの仕事にエネルギーをフォーカスして取り組むと、スッキリ仕事を終わらせることができて、達成感を味わえます。

「ご褒美」と「達成する仕事」で、毎日が幸せ

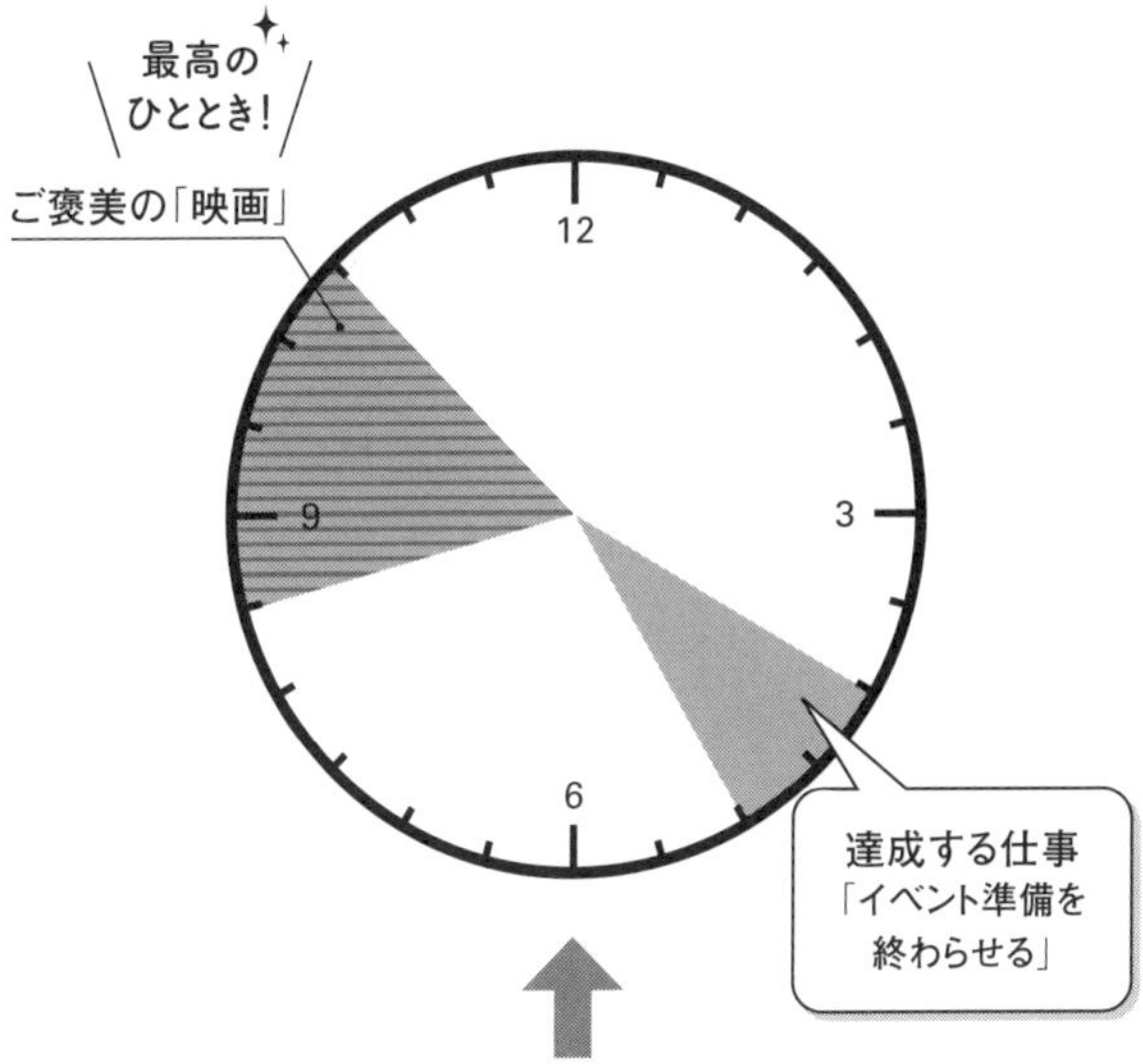

1日のなかに「ご褒美」と「達成する仕事」を
あらかじめスケジュールに組み込む

ポイント

・ご褒美はお金や時間がかかるものじゃなくてもいい。
ポイントは「よし、またがんばろう」と思えたかどうか

・達成する仕事は、とりあえず「たった1つ」でいい

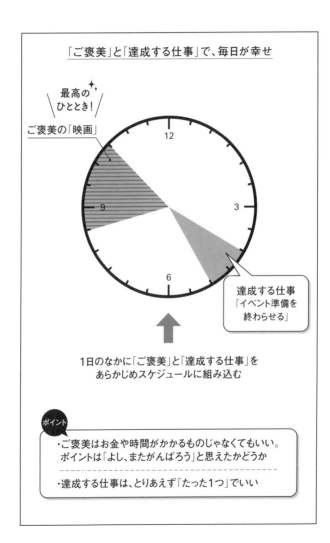

▼これを決めると、仕事はもっと早く終わる

先に考えておくべき大切なことがあります。

それは**「何が完成したら、その仕事が終わったことになるか？」**ということです。要は仕事の成果物です。

社会人3年目くらいまでの私は、本当に仕事が遅かったです。

一番の原因は、成果物を確認せずに仕事をはじめてしまうことでした。

たとえば、上司から「部署の提供しているサービスの紹介資料をつくっておくように」と言われたら、とりあえず必要そうな素材を集めます。素材は大量に見つかりますので、それだけで半日経ってしまいました。

そこから「さあ、これをどうまとめようか」と頭をひねって、さらに1時間ほ

ど経ちました。

考えが煮詰まってきたので、社内にあった紹介資料の共有ファイルを開いてみました。

すると、衝撃の事実が発覚しました。私が書かないといけないのは、1ページのうちのほんの少し、たった数百文字の説明文だったのです。

この分量なら、30分で書けます。

私はすぐにその仕事を終えて、資料をメールで送りました。

もし最初から共有ファイルを開き、成果物を確認していたら、半日も費やすことはなかったのです。

こんなことにならないように、スケジュールを立てるときは、仕事の成果物を明確にするのが大切です。

「何が完成したら、仕事が終わったことになるのか?」と考えるだけで、もしかしたら3時間くらいの時短になるかもしれません。

たとえば「企画をつくる」という仕事なら、その成果物は、

・A4用紙で10枚の企画書なのか？
・1枚にまとめた資料なのか？
・ひと言のコンセプトをメールで送ればいいのか？
・アイデアを口頭で説明するだけでいいのか？

これを確認してみるわけです。
そして、明確になった成果物に最短距離で一直線に取り組めば、あっと言う間に仕事は終わります。

やることを明確にして、さっさと仕事を終わらせて、達成感を味わいましょう。

「ToDoリスト」の項目は少ないほうがいい

「達成する仕事を1つ決める」というのには理由があります。

多くの人はたくさんのことをやろうとして、逆に充実できないでいるからです。

1日や1週間でやろうとする仕事量が多すぎて、「今日も終わらなかった」と思いながら寝床につくはめになるのです。

1日で3つの仕事をして、「3つしかできなかった」と嘆く人と、「今日もやり遂げた！」と喜ぶ人がいます。

その違いは何かというと、**4つ以上の仕事をやろうとしていたかどうか**です。

終わらせる仕事が今日は3つだけでいいなら、3つの仕事で全部完了ですが、

4つ以上やろうとしていたら「終わらなかった」ということになります。やっていることは同じなのに、充実感がまったく違うのです。

そもそも3つしか仕事ができないなら、予定も3つだけにしておくべきです。

「いやいや、もっと進めないと」と言って4つも5つも予定しても、できないなら意味がありません。

最初からできる予定にしておかないと、気分が悪いだけです。

ですので、1日、1週間でできる数の仕事だけをスケジュールに入れてください。もっと具体的に言うと「ToDoリスト」（やることリスト）の項目を減らしてください。

仕事が終わらない原因の多くは、計画が意欲的すぎる、というか、見積もりがあまいからです。そもそも、そんな量の仕事はできないのです。

私の場合、気合いの必要な大きな仕事は1日1つです。それ以上は頭が疲れて集中できません。

▼減らすコツは「緊急度」

やることを減らすコツは、「緊急度」で考えることです。

今週、終わらせないといけない仕事は何か?
今日、終わらせないといけない仕事は何か?

これを考えるわけです。

緊急でない仕事は、いまはやらなくていい仕事です。

仕事が終わらないという人は、多くの仕事を「今週やらないといけない仕事」に分類しています。

あるフリーランスの方は、「自社のホームページをリニューアルする」という仕事を、今週やらないといけない仕事に分類していました。

私が「これは今週やらなくてもいいんじゃないですか？」と聞くと、「いえ、やらないといけません。ホームページから仕事を受注するために必要なんです」と言っていました。

そして、彼は続けて言いました。


「やらないといけないと思いつつ、3か月くらいできていません」


ということは、本当はいまはやらなくてもいいのです。

緊急ではないということです。

実際、その人は自社のホームページをリニューアルしなくてもちゃんと仕事を受注していたのですから。

そういう基準で**「やらないといけない緊急な仕事」だけをピックアップしてみ**

てください。想像以上に仕事量が少ないことに気づきます。

あなたは、できる量をちゃんとやっています。

それでいいのです。

まずは、それらの仕事を1日、1週間のなかでいつやるか決めましょう。

そうすると、スケジュールにかなり余白があることに気づきます。

その**余白で、緊急ではない仕事を進めていきましょう。**

そうすると、まだやらなくてもいいのに先手で仕事が進められて、とても気分がいいことを実感します。

そして、**毎日毎日「今日もやるべきことが全部できた！　やりたいことも進んだ！」と、満足して眠りにつくことができます。**

スケジュールを立てる時間を、別で確保する

私は毎週1回、1時間ほど、次の1週間の計画を立てる時間を取っています。

こう言うと、「スケジュールを立てる時間がもったいない」という反応がたまにあります。

しかし、やってみるとわかりますが、**計画を立てる時間をしっかり確保したほうがトータルでは効率がいい**です。

これが計画をしていないと、

「あの人に情報をもらうのを忘れていたから、夜まで仕事が進まない」

「あそこに行ったときに、一緒に用事を済ませばよかった」

「朝に洗濯機をまわしておくべきだった」

「飲み会のあとにオフィスに戻って資料をつくらないと」

など、段取りが悪くなってロスが生じます。

しっかりと計画を立てる時間を確保しておくと、スムーズな段取りができて、効率的な1週間、1日を過ごせるのです。

それに、**いろいろなことがこなせそうなスケジュールを立てると、やる気が湧いてくるものです。** ぜひ、その気分を味わってみてください。

▼忙しいときほど、計画を立てる時間をつくる

もしかしたら、最初は1週間のスケジュールを立てるのに2時間くらいはかかるかもしれません。私も最初はそうでした。

しかし、たとえ2時間かかっても、1週間のスケジュールを立てる価値はあり

ます。

フランク・ベトガーという米国の伝説的な保険営業マンは、毎週土曜日の朝8時から13時前を「自己管理日」として、1週間の計画を立てる時間にしていたそうです。

最初はそうやって5時間かけていたそうですが、慣れてくると金曜日の朝に前倒しできるようになったそうです。それくらい、時間を使う価値があるのです。

強調しておきますが、忙しいときほど計画を立てるべきです。

逆に言えば、そんなに仕事が忙しくないときは、少しくらい段取りが悪くてもすぐにリカバーできます。

やることが多いときは、少しの段取りミスで次々と予定が破綻していきますので、綿密にスケジュールを立てておくほうがいいわけです。

朝は達成感、昼はふれあい、夜はリラックス

充実した1日を過ごしている人は、日々のスケジュールの流れが決まっています。

逆に言えば、毎日**ゼロからスケジュールを考えるというのは、とても効率が悪くて、やっていられない**のです。

有名な経営者がいつも同じ服を着ているという話がありますが、それはちょっとした考えごとであっても脳のリソースが使われてしまうからです。

「今日、何を食べようか？」

「服装は何にしようか？」

数分考えるだけでも、脳に負荷がかかって疲れるのです。

ましてや、1日、1週間のスケジュールをゼロから考えるというのは、かなり脳のリソースを消費してしまいます。

ですので、大まかな1日の流れを決めておくといいわけです。

私が気に入っている1日の流れは、

・朝：達成感を得る
・昼：ふれあいを感じる
・夜：リラックスしてぐっすり寝る

というものです。

3章でご紹介したとおり、人間の幸せは「達成感」「ふれあい」「リラックス」の3種類に大きく分けられます。

1日をこのような流れにしていれば効率もいいですし、すべての幸せを感じることができます。

▼生産性と幸福度が爆上がりのルーティン

朝イチから午前中にかけては、ルーティンをきっちり決めて、やるべきことをやってしまいます。

私の場合なら、朝起きて、片づけ10分、英語の勉強、SNSやメルマガの執筆と発行、散歩かランニングという感じです。

帰ってきてシャワーを浴びたら9時から仕事を1つ、10時半から1つという感じで、午前中に集中力の必要な仕事を、90分ずつ2コマおこないます。

この2コマは「時間割」のような概念です。ですので、朝は自分の仕事に集中し、1日セミナーなどの予定でなければ基本的に人と会いません。

朝のうちにやるべき大事な仕事を終わらせ、達成感を得ることができます。

一方で、午後はかなりフレキシブルです。

オンライン打ち合わせ、外出など、他人とのアポでいろいろ変わります。

夕方からジムに行ったり、クラリネットのレッスンに行ったり、仲間のパーティのときもあります。

午前中に仕事に集中していたので、午後は誰かと話したくなっています。ですので、他人とふれあえるような予定を入れるわけです。

朝の仕事の続きをするときもありますが、そんなに根《こん》を詰めてはできません。

夜は、テンションが高まる仕事はなるべく入れず、リラックスするように心がけています。多くの場合、ここで「ご褒美」を満喫します。

急ぎの仕事がある場合も、夜にやるよりも次の日の朝に早起きしてやったほうが1日のリズムがいいような気がします。

夜に打ち合わせなどが入ることもありますが、そのあとにお風呂でのんびりして、好きなドラマを観てリラックスしています。

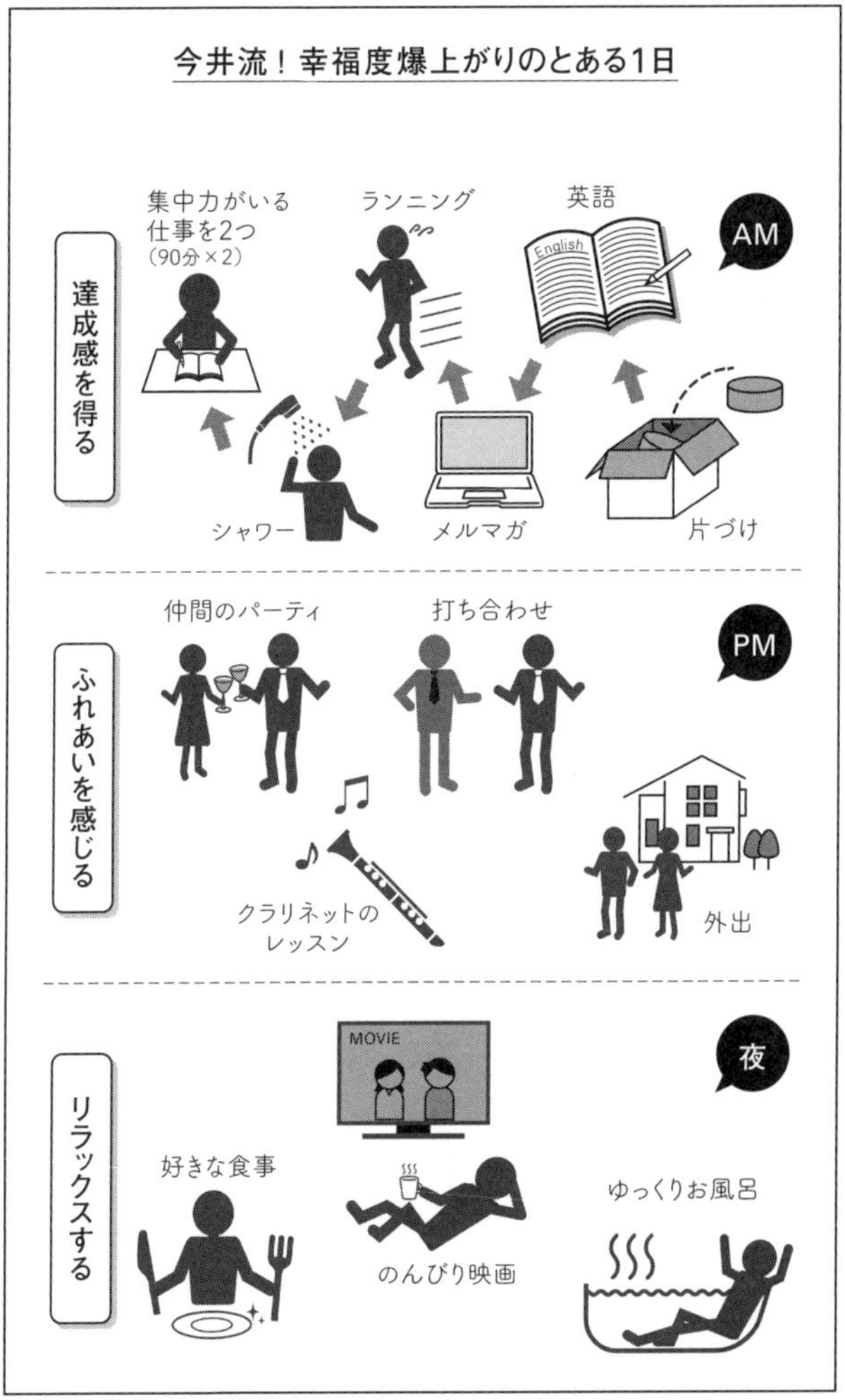
今井流！幸福度爆上がりのとある1日
AM
達成感を得る
集中力がいる
仕事を2つ
（90分×2）
ランニング
英語
English
シャワー
メルマガ
片づけ
PM
ふれあいを感じる
仲間のパーティ
打ち合わせ
クラリネットの
レッスン
外出
夜
リラックスする
MOVIE
好きな食事
のんびり映画
ゆっくりお風呂

ストレスにならないスケジューリングのコツ

「今日中にあの資料を仕上げよう」と思うと気が重くて、その仕事に着手すらできない、なんてことはないでしょうか？

1日で一気にやろうとするから、強烈なストレスにおそわれるのです。

一方で「30分だけ資料をつくろう」と思えば、とりあえず仕事に取りかかれます。その30分を毎日続けると、最後には資料が完成してしまいます。

ストレスなく仕事を進めるには、毎日30分とか1時間だけ仕事を進めるようなスケジュールを立てることです。

決して1日で完成させようと思わず、「5日で完成させる」とか「大変な仕事の場合は2週間かける」とあらかじめ計画するわけです。

▼「仕上げ作業のタイミング」がポイント

スケジュールを立てるときは、最初に**「仕上げの作業をする日」**を決めてしまいましょう。

そして、その日から逆算して、毎日少しずつ成果物に取りかかります。毎日ゆるゆると仕事を進めていくわけです。

仕上げまでの段階は、それほど集中力を要しません。

頭が疲れている午後の時間でも進めることができます。

もっと言うと、こま切れ時間で進めることもできます。構想を練るだけなら、移動中にもできます。

そして、**仕事が嫌になって進まなくなったら、その日はそこでやめてかまいま**

せん。

30分で嫌になったら、その日はとりあえず終了して別の仕事に移ります。次の日は頭がリフレッシュされているので、続きから仕事が進みます。

そうやって成果物ができあがってきたら、最後に仕上げの段階に入ります。

仕上げの仕事は、もっとも集中力を要します。

私の場合、セミナー資料の仕上げや書籍の原稿の仕上げのときは、午前中と、さらに午後に2時間ぐらいかかることもあります。

こういう仕事は1日に2つもできません。それ以外のことができないぐらい頭がヘトヘトに疲れるからです。

ですので、**仕上げの仕事は重ならないように**しています。やろうとしても頭が働かないので、計画倒れになってしまうからです。

仕上げの仕事は、もっとも集中できる時間におこなうようにすることをおすすめします。

朝型の人であれば、もっとも集中できる午前中に設定して、夕方や夜などの時間は避けるわけです。

集中できる時間に大事な仕事に取り組むためにも、それ以外の仕事はなるべくストレスをかけず、負荷をかけないレベルにとどめておくのがコツです。

「ながら」をうまく活用する

苦手な作業は「ながら」でやってしまうと、意外とストレスなく進みます。

「マルチタスクはよくない」とよく言いますが、それほど頭を使わない仕事については「ながら」でやっても問題ありません。

たとえば、

「経費精算の領収書がたまっているけど、入力する気になれない」

「購入したオンライン動画がたまっているけど、観る気になれない」

ということはよくあります。

そういう場合は、「オンライン動画を観ながら領収書の数字入力の作業をする」というのが解決策です。

これなら両方進んで気分がいいし、なぜかそこまでストレスになりません。

私は、1週間のスケジュールを大河ドラマを観ながら立てることが多いです。慣れているとはいえスケジュールを立てるのは面倒だし、それだけに時間を使うのはもったいないと思ってしまうからです。

いろいろ試してわかったのですが、大好きなドラマはじっくり観たくなるのでダメでした。

また、役者さんの表情の演技がメインのドラマだと、画面を観ていないとまったく面白くないので、これもダメでした。

大河ドラマはセリフだけでもけっこう楽しめるし、歴史を知っていればそれほど真剣に観なくても流れについていけるので、ちょうどいい感じでした。おすすめです。

▼動きながらで、アイデアが熟成される

机に向かっていなくてもできる仕事はたくさんあります。

たとえば、考えるだけの仕事は場所を選びません。

散歩をしながら、買い物をしながら、乗り物で移動しながら、髪を切ってもらいながら、食器を洗いながら……どこでもできます。

そして、アイデアが思いついてから机に向かえば、すぐに作業に取りかかれます。机に向かって「思いつかない……」と、うんうん唸って考える時間を減らせます。

私の場合、本を書く仕事であれば、ざっと企画の概要を考えて、パソコンで目次案を出してみます。

すると「ここはどうしたらいいかな?」「この主張をするのに、いい例え話は

ないだろうか?」「AとBをつなげるためにどんな構成にすればいいか?」などの問いが浮かんできます。

ここで「うーん」と考え込んでいても、答えがなかなか出てきません。

そういうときは、ほかのことをします。

そうすると不思議なもので、あとからポンと答えが浮かんだりするわけです。

ジムに行って筋トレをして、走って、サウナに入って、最後に水風呂に入ったときに「そうだ!」と浮かぶこともよくあります。

順番が重要です。

最初に「考える仕事」で問いを立てて、脳みそに考えてもらいます。その間に事務作業をしたり、遊んだりしていると、ポンと答えが出てきます。

これがもっとも効率的です。

逆に、何も問いを持たずに事務作業や遊びをすると、脳みそをフル活用できませんので、ご注意ください。

テンション活用時間術

セミナーや講演会で自分の出番まで時間があるとき、私は書籍の原稿を執筆したり、場所によっては動画の収録をしたりします。

というのも、出番の前は休憩してもどうせ落ち着かないからです。

せっかくテンションが上がっているなら、その勢いで仕事を進めてしまったほうが効率もいいわけです。

ほかにも、ランニングをしたら、シャワーを浴びてそのまま仕事に突入します。心拍数が上がっていて、これまたテンションが高いからです。

せっかく勢いがついているのに、ゆっくり食事をしたりマンガを読んだりするのはもったいないと思うのです。

逆に、昼寝のあとはぼーっとしていて、そのままではなかなかテンションが上がりません。そこで、**昼寝のあとにはクラリネットの練習をすることにしました。練習ができるだけでなく、目が覚めるので一石二鳥**です。

▼打ち合わせは、なるべくまとめて入れてしまう

打ち合わせをなるべくまとめるようにしているのも、テンションの関係です。

打ち合わせが今日1件、明日も1件、明後日も1件とバラバラに入っていると、その前後はほかの予定を入れにくくなります。なにより、打ち合わせが気になって仕事に集中できなくなります。

それより、**まとめて2つか3つの打ち合わせをこなしたほうが、勢いに乗れるのです。**

軽い打ち合わせはそれほど集中力を要しませんので、いくつか続けておこなう

ことは難しくありません。

ある経営者は30分の打ち合わせを5件続けてされていました。集中していろいろな意思決定ができて、とても効率的ですよね。

ただし、打ち合わせを調整するために時間がかかっては本末転倒ですので、無理にまとめる必要はありません。この経営者の場合は、秘書の方がうまく調整してスケジュールを組んでいました。

秘書のいない方は、**打ち合わせを入れるときに、なるべくすでに決まっている打ち合わせに続けて入れる**という程度でいいと思います。

こんなふうにメリハリをつけることで、有意義に時間を使うことができます。

本章でご紹介したようにスケジュールを立てると、やるべきことがどんどん進み、かつ、人生を充実させる「最高のひととき」が手に入ります。たった2時間のご褒美があるだけでこんなに豊かな毎日になるのかと、驚くかもしれません。

打ち合わせの予定はまとめて入れる

	月	火	水	木	金
9時			打ち合わせ		
12時	打ち合わせ				
15時		打ち合わせ			打ち合わせ
18時				打ち合わせ	
21時					

	月	火	水	木	金
13時			打ち合わせ		
14時			打ち合わせ		
15時			打ち合わせ		
16時				打ち合わせ	
17時				打ち合わせ	

ポイント

「まんべんなく忙しい」が、一番よくない

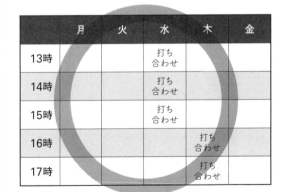

第5章

小さな時間を積み重ねるだけで、大きな人生になる

大きな目標も、一瞬一瞬の延長にあるだけ

ここまでは、1日や1週間のスケジュールの立て方、短期的に充実感を得ることをお話ししてきました。

しかし、「それだけでは長期的で、大きな目標は成し遂げられないのではないか？」という疑問が湧いた人もいるのではないでしょうか。

そうです。**短期的な充実感だけでは、本当の意味で最高の人生は得られません。長い時間をかけて達成したいことも人にはあります。**

では、そういう目標のためには歯を食いしばって努力しないといけないのでしょうか？　いえいえ、そんなことはありません。

安心してください。**「大きな目標」と「日々の充実感」は両立します。**

▼書籍だって、今日のたった1行からはじまる

第1章で私がやってきたことを書きましたが、ここに再掲します。

・起業することができた
・1000人規模の講演会を開催できた
・書籍を10冊以上、商業出版できた
・TOEICで925点が取れた
・クラリネットのライブができた
・東京マラソンを完走できた

これらはすべて、1週間やそこらでできることではありません。

書籍は、私の場合、年に1冊か2冊しか書けません。

ということは、年に1回か2回しか幸せを感じられないのでしょうか？

そんなことはありません。

私は楽しみながら達成してきました。なぜなら、毎日少しずつ目標に近づくことができるからです。

たとえば、クラリネットの練習を10分すれば、それだけうまくなれます。

本の原稿を1行書けば、それだけ出版に近づきます。

そうやって、**日々の進化を実感できれば、最後の達成感だけでなく、そのプロセスにおいても充実感を味わうことができる**のです。

毎日楽しみながら過ごしていて、いつの間にか大きな目標が達成できたら、最高だと思いませんか？

1日10分でも、人生を変えることができる

私は36歳のときに趣味で**クラリネット**をはじめました。

といっても、練習は1日10分くらいしかやりません。1週間くらい練習しないこともあります。

それでも、10年以上続けると人前で余興として演奏できるようになりました。

自分の誕生日や友人のパーティで演奏し、仲間と楽しんでいます。

時間はかかりましたが、クラリネットは人生を彩《いろど》る趣味となったのです。

未経験からクラリネットをはじめた自分を褒めてあげたいと思います。


この「継続の威力」は、本当にバカにできません。

毎日の何気ない積み重ねは、いつの間にかとんでもない場所にあなたを連れて行ってくれます。

クラリネットのほかには、**歯科矯正**もそうでした。

私は1本だけ逆歯があり、毎日、鏡を見るたびに気になっていました。そこで、30代で歯科矯正をはじめました。

ワイヤーをつけて1週間経っても、1か月経っても、歯が動いているようには思えませんでした。

しかし半年も続けていると、少し歯並びが変わってきました。

2年経ったころには、本当に歯並びがきれいになっていたのです。

いまは日々のストレスがなくなりましたし、歯並びがいいと若く見えるというのも予想外の効果でした。

はじめる前は「2年は長いなぁ」と思っていましたが、はじめてみると、いつの間にか終わっていた感じです。

また、花粉症の治療で**舌下免疫療法**《ぜっかめんえきりょうほう》というものもやりました。

アレルギーの治療法で、毎日少しずつアレルゲンに触れることで身体を慣れさせて、アレルギーの症状を抑える方法です。

私は花粉症で、せっかくの春が楽しめないのが残念で、この舌下免疫療法をやってみることにしました。

具体的にやることは、毎日タブレット（錠剤）を舌の上に含んで、溶かすだけです。その間、１分。

この治療を開始したのが２０１７年の６月だったのですが、翌年の春には本当に症状が半減してしまいました。そして、さらに次のシーズンは無症状になったのです。それ以来、花粉症の症状が起こることはありません。

毎日たった１分で、今後の数年、数十年を快適に過ごせるなんて、本当に素晴らしいと思いました。

▼大きな成果も、小さな一歩から

もちろん、コツコツ続けることはビジネスにおいても大きな変化を起こします。私はビジネス書を10冊以上出版しており、自分の出版記念講演会に1000人近い人に集まってもらえるようになりました。そして、私の講座に来てくれる人の多くは、私の著作を読まれた方々です。

しかし、その原点は1日たった30分ほどのメールマガジンなのです。

私は2002年から20年以上、メルマガを書き続けています。毎日発行していますが、1本にかける時間は30分ほどです。書籍のネタはメルマガをベースにしていますから、1日30分を続けたことが、大きなビジネスの成果になったわけです。

ビジネスの場合は、歯科矯正や舌下免疫療法ほど再現性が高くありません。

しかし、**計画を立ててそれをコツコツ実行していくと、途中の道筋はどうであれ、大きな成功を収めることができます。**

その大きな成功は、人生をガラッと変えてくれるし、「これを成し遂げた」という大きな達成感を与えてくれます。

これは、いままで紹介してきた日々の達成感とは次元の違うもので、本当の意味で充実した人生を送るためには欠かせないことだと思います。

ですから、本章ではこのように**長い期間をかけて、コツコツ努力しながら大きなことを成し遂げる方法**についてお伝えしたいと思います。

継続できない人なんて、じつはいない

継続することでしか効果の得られない種類のことが、いくつかあります。

一気に成果が出ないので、積み上げていくしかないタイプのものです。

たとえば、筋トレやダイエット、貯金、英語や資格の勉強、スポーツや楽器などのスキル、起業や副業――。

これらは積み上げていくしかありません。

お金を出せば一気にできるというものではないのです。

すぐに達成感を得ることができないため、心理的にあとまわしになってしまうのです。

これらは緊急でないことがほとんどです。

しかし、人生においては重要であったりします。

この**「緊急ではないけれど重要なこと」を着実に継続できれば、本当に充実した価値ある人生が手に入ります。**

こういう話を聞いても、「自分にはコツコツ継続はできない」と言う人がいます。ですが、そんなことはありません。

誰もが工夫次第で、コツコツ継続することができます。

たとえば、**多くの人が数千万円を超える住宅ローンを返済しています。あらためて考えてみたら、これはすごいことだと思いませんか？**

普通の人でも、継続すればそれぐらい大きなことを成し遂げることができるのです。特別なことではありません。誰もができるのです。

▼コツコツは、本当は楽しい！

コツコツは「地味」「嫌なことを我慢して継続すること」というイメージを持っている人が少なくありません。

しかし本当は、コツコツは楽しいのです。

毎日コツコツ継続するということは、毎日達成感を得られるということです。

しかも、続けていればいつの間にか大きなことを達成できてしまうのですから、最高だと思いませんか？

ポイントとしては、1つひとつのことが終わったときに喜ぶことです。

「腕立て伏せを10回やった」「資格の問題を1問解いた」「机の上を片づけた」など、その程度のことでも〝意識的に〟喜んでください。

そんな達成感を味わい続けることで、どんどん仕事ができる自分に変わっていきます。

私はタスクが終わったら、自然とガッツポーズをしてしまいます。
それだけでとても気分がよくなります。
難しい言い方をすれば、**脳のなかでドーパミンが出ているわけです。**
ですので、また次の日もコツコツ継続したくなります。
これについては、第6章で再度解説します。

10年計画の目標を1つ持つだけで、人生は充実する

10年あれば何ができるでしょうか？

本気でやれば、英語もペラペラに話せるようになるでしょう。
貯金もかなり増えていると思います。
楽器もうまくなっているはずです。
起業もできて、そこそこの収入になっているでしょう。

コツコツ継続できれば、かなりのことを実現できるのです。
せっかくの人生なのですから、1つぐらいは10年かけて達成することに挑戦してみてはいかがでしょうか？　きっと、人生の充実度が変わってきます。

いま30歳だったら、40歳までにどうなっていたいか？
40歳だったら、50歳までにどうなっていたいか？

これを考えるのです。

「英語がペラペラになって海外で活躍したい」
「ビジネスをはじめて年商３０００万円にしたい」
「ＳＮＳのフォロワーを10万人にして、多くの人に情報を発信したい」
「著者としてデビューしたい」
「自分のコンサートを開きたい」

などがあるかもしれません。
いまからはじめれば、10年後にはきっと達成していることでしょう。

このときにご自身に問いかけてほしいのは、**「人生でたった１つしか大きなこ**

とを達成できないとしたら、何をするか？」という問いです。

たった1つというのはちょっと極端ですが、人間が一生でできる仕事には限りがあります。

ＩＴ企業の会社員時代に、ある上司が「**私たちが会社員人生で関われるプロジェクトはたった10個しかない**」と言っていました。

20代前半で入社して、55歳くらいで実質の現役を終えるとすると、働ける期間は30年ちょっとです。ＩＴ業界では1つのプロジェクトに大体3年くらいはかかりますので、経験できるプロジェクトはせいぜい10個というわけです。

これを聞いて「**一度の人生でやれることは少ないんだ**」と実感しました。

▼この10年で、成し遂げたいことは何ですか？

しかし、そもそもいくつものことを成し遂げる必要はありません。

たった1つの大きなことを成し遂げただけで、十分幸せを感じられます。

たとえば、一生かけて難病に効く薬を開発できたとしたらどうでしょうか？　人生でたった1つのことしかできなかったとしても、有意義な意味のある人生だったと思えるに違いありません。

ぜひ、考えてみてください。

あなたが、この10年で成し遂げたい1つのことは何でしょうか？　10年費やしても「挑戦してよかった」と思えることがきっとあるはずです。

本当に1つしかできないとしたら、多くの人が自分のためではなく、人や世の中を幸せにする目標をかかげます。

試しにまわりの人に聞いてみたら、誰もが「何か人の役に立つことがしたい」と言っていました。

そんな目標を持って生きていれば、毎日に意味が見出せ、日々を充実して過ごせます。

目標が大きいと気が遠くなるという人もいるかもしれませんが、逆に言えば、「それだけ長く充実感を味わえる」と考えることもできます。

そして、たとえ道半ばで人生が終わったとしても、目標があることで人生の最後の日まで充実して生きることができるのです。

10年かけて、成し遂げたいことは何ですか?

その理由は?

長期計画は、ルーティンでコツコツ進める

大きな目標は、日々のルーティンに落とし込みましょう。

1年も2年も、さらには10年も続けるとしたら、ルーティン化しなければ継続ができないからです。

たとえば先述した「舌下免疫療法」の場合は、朝起きて歯磨きしたあとにタブレットを口に含むこと。

「メルマガ」の場合は、朝の8時までに書いて配信すること。

私の場合は、このようなルーティンで継続してきました。

第4章でも少し触れましたが、ルーティンは朝に持つことをおすすめします。

というのも、**日常の仕事は緊急なものが多いので、日中はルーティンに手がまわらないのです。ですので、日常業務の前に、長期的な目標に取り組む時間を確保する**わけです。

大きな目標の場合、まず何をすればいいかわからないこともあるでしょう。そんなときは、まずは思いつくことをはじめるだけでかまいません。やってみてわかることのほうが多いからです。

私の場合は、とりあえずメルマガの発行をはじめてみました。それがきっかけで起業もでき、いまのような仕事をして、本を10冊以上も出版しています。はじめるまでは想像もしていませんでした。

ルーティンを決めるときの注意点は、「がんばらずに継続できるレベル」にすることです。

がんばらないといけないことなら続きません。

たとえば、**私は小説やノンフィクションをよく読みますが、本当にスキマ時間に数ページしか読みません。たった5分ほどです。これなら毎日続けられます。**

動画配信、メルマガ、ブログ、SNSなどもやっていますが、どれも自分が続けられる品質レベルに落とすことで、すべて続けられています。

▼最初は結果を求めない

ルーティンを続けるために、最初は結果を求めてはいけません。

なぜなら、最初は結果が出ないものだからです。

もし最初から結果を求めていると、結果が出ない時期を苦しく感じてしまいます。そこで嫌になってしまうのです。

ではどうすればいいかというと、**最初はとにかく「続けることを目標」にしま**

しょう。そして「結果ではなく行動を計測」するのです。

たとえば、私が英語の勉強をやったときには、ただ「1日1時間、英語を勉強する」ということだけを目標にしました。

もし最初から「単語を10個覚える」という質的な目標にしていたら苦しくなっていたでしょう。なぜなら、最初はまったく覚えられなくて、すぐに忘れてしまうからです。

そうではなく、ただ1日1時間勉強するだけで、「よし、1時間勉強できた！」と自分を褒めるようにしました。

単語が覚えられていなくても、時間さえクリアすれば達成なのです。

そうすると、「今日も1時間勉強できた！」と、毎日達成感を感じることができます。いい気分で10日、20日と続けることができるのです。

これを1か月もやっていると、いつの間にか単語を覚えていることに気づきます。まさに、量が質に転換した瞬間です。

そこからは、やればやるだけ結果が出るので、とても楽しくなってきます。

その転換点に到達するまでは、質は求めず行動量を目標にしてください。

「終わる」と思えるから続けられる

本を1日1ページ読むとします。

すると、300ページの本であれば300日あれば読めてしまいます。1年かからずに読めます。必ず読み終えるのです。

また、100万円貯める場合は、1か月に3万円貯金すれば、34か月目で100万円を突破します。2年と10か月です。それで必ず、誰でも100万円が貯まるのです。

ルーティンのよさはこれです。

「やっていれば終わる」という安心感があるのですから、あとは毎日、決めたとおりのことをするだけでいいのです。

逆に言うと、**はじめる前に「続ければ終わる」という確信を持ちましょう。そのために、必ず終わるということを計算して、確認してください。**

終わるとわかっていれば、未来のことを不安に思う必要がなくなります。

「今日は1ページ読んだからOK」「今月も3万円貯金できたからOK」と、今日1日を生きることができるのです。

そして、毎日「今日もやることが全部終わった」と、すっきりして眠ることができます。

▼小さな成功体験を大切に

私は、小説の大作をいろいろ読みました。

『三国志』『戦争と平和』『指輪物語』『風と共に去りぬ』『関ヶ原』『坂の上の

雲』など、すべてコツコツと読んでいったのです。

しかし、以前はこんな大作を自分が読めるとは思っていませんでした。

その転機になったのは、『竜馬がゆく』の文庫本全8巻を読破したときです。じつは初めて挑戦したときは、一気に読もうとして1巻で疲れてしまい、そのまま4年間放置していました。

しかし、このまま何年も本棚にあるなら、10年かかっても、1日1ページ読んだほうがいいと思い、コーヒーを淹れるときに少しずつ読みはじめました。すると、3か月くらいで全8巻読めてしまったのです。

「自分にはこんな大作を読破する力があるんだ!」と、自信になりました。

それ以来、どんな冊数の本であっても、「読み続けていれば、読み終える」と思えるようになりました。

いきなり3年もかかる大きなことにチャレンジする前に、もう少し小さな目標

で達成感を得るのもいいと思います。

たとえば小説の場合であれば、『老人と海』などは短くていいです。次はもう少し長い作品にチャレンジし、その次は上下巻になっているもの、その次は3巻もの、次は5巻など、徐々にハードルを上げていくと自信がついていきます。

日々の情報発信を続けたいのであれば、まずはブログを1週間続けるなど、そういう小さなところからスタートするといいでしょう。1週間で自信がついたら、そのうち毎日ずっと情報発信できるようになっています。

筋トレも、腕立て伏せを1週間、毎日10回だけ、という**低い目標でかまいません。実際に達成すると、もっとやりたくなるものです。**

自己満足、バンザイ！

私は電車に乗っている時間だけで、ピーター・ドラッカー先生の名著集を読み終えました。スマホを使って電子書籍で読んでいただけです。

また、とある著者仲間は、ある本の企画を電車のなかだけでつくったと言っていました。

短いスキマ時間でも、うまく使えば大きなことができるものなのです。

私は、「ドラッカー名著集を読破した自分はすごい」と勝手に思っています。

そして、スキマ時間をムダにせず読書をしている自分を、とても誇らしく思います。

そういう自分は「好きな自分」です。

もちろん自己満足であって、誰かに「オレってすごいでしょ」と言うことはありません。勝手に自分で思っているだけです。

恥ずかしいのでわざわざ大っぴらに言いたくないのですが、これがコツコツ継続をする1つのノウハウです。

つまり、**コツコツ継続している自分や、スキマ時間をうまく使う自分を、客観的に「すごい」「カッコいい」「素晴らしい」と思うことが継続のコツなのです。**

▼「自分ってイケてる」と、いい感情でいよう

この本では、自分の感情をよくすることの大事さをお伝えしていますが、それはここでも同じです。

スキマ時間を有意義に使えている自分、コツコツと継続している自分を褒めて、いい感情を味わってください。

その感情を深く味わうと、また同じ感情を味わいたくなるので、次の日もその次の日もコツコツと継続することができるのです。

客観的に「好きな自分」だと思うことがポイントです。
遠慮せず、思いっきり自己満足してしまってください。

意志の力に頼ると、うまくいかない

何かを続けるときに、意志の力だけに頼ると挫折することが多いです。

私も意志が弱いので、最初の本を書いたときには、その本を書くためだけにコーチをつけました。

その週の執筆目標を明確にして、次の週のセッションで進捗を報告します。そうやってコーチをつけることで、サボらずに執筆が進みました。

コーチは、ただ単に「教える人」ではありません。私が達成したい目標を明確にしてくれ、そのために必要なことをタスクに落としたり、心理的にハードルを感じていることを明らかにして、目標達成のための伴走をしてくれます。

もちろんプロのコーチにお手伝いしてもらうわけですから、それなりの対価は必要です。それでも、**この投資はいま考えてもよかった**と感じています。

初めて書籍を書くのは、かなり大変な仕事です。コーチなしでは書き切れていなかったと思います。

こんな感じで、私は新しいことをはじめるときや、大切なことを続けるときのために、お金を使うことにしています。**それをするための知識を得るより、「自分を動かすことにお金を使う」ほうが効果的**だと思うのです。

本の書き方を教わっても、私には1冊も書けなかったと思います。それより、本を書くために伴走してもらったので、最後まで書くことができたのです。

▼「強制力」を働かせるための投資は惜しまない

英語でTOEIC925点を達成したときも、英語コーチをつけました。

ジムに通ったときにも、パーソナルトレーナーをつけました。すると、トレーニングの時間が半分に短縮したことに驚きました。

クラリネットの場合は、ずっと大人向けの音楽教室に通っています。月に3回レッスンがあるので、その日に向けて、毎日10分とはいえ、ちゃんと継続して練習するようにしています。

また、私は起業を目指していたので、会社員時代からコーチをつけていましたし、実践型のセミナーにも通っていました。

会社員の生活のなかでは、ついついサボってしまいがちですが、そういう**強制力を使う**ことで起業することができたのです。

自分を動かすための投資は、遠慮してはいけません。

中間ゴールをつくると、毎日が充実する

私がクラリネットを習っている教室では、年に1回、クラス発表会があります。ですから、1年のうちに数か月はそれに向かって集中してがんばります。

10年は長くても、3か月先の発表会は気を抜いたらあっという間にやってきます。**そういう締め切りがあるから、ちょうどいい具合に、モチベーションが続きます。**

コツコツ続けるためにも、たまにそういった「**中間ゴール**」をつくることも効果的です。

英語を学ぶのであれば、海外旅行に行くとか、英語のスピーチ大会に出場して

みるのはどうでしょうか。

起業であれば、ビジネスプランコンテストに参加するのもいいでしょう。

締め切りがあれば一定期間集中して取り組めますので、一気に上達したり、プロジェクトが進んだりします。

▼繰り返しの毎日も、しっかりと味わえば、悪くない

クラリネットの発表会での出番はたった10分です。そのたった10分の1曲を仕上げるために、3か月間、毎日コツコツと練習をするわけです。

それがむなしいことだと言いたいのではありません。

それが素晴らしい人生なのだと思います。

そもそも人は、年にたった一度の収穫のために、1年間農作業をして暮らしてきました。そして、収穫を祝ってお祭りをしました。

そのハレの日のためにコツコツと日常を過ごすというのは、人間にとって自然な生き方なのだと思います。

毎日が繰り返しというのは、悪いことではありません。

大切なのは、その毎日のなかに「最高のひととき」をつくり、幸せをしっかりと味わうことです。

そうやって味わって毎日を過ごしながら、年に一度は旅行に行ったり、3年かけたプロジェクトの成果が出たりして、たまに大きな達成感を得るのです。日々、コツコツと目の前のやるべきことに取り組むのは、人間の営みに合っているのです。

毎日を享楽的に生きることで、人は幸せになれるわけではありません。

小さな進歩を毎日喜びながら、充実した1日を過ごしていきましょう。

第6章

人生を味わう

毎日の充実度を3倍にするコツ

とうとう最後の章になりました。

この章のテーマは**「人生を味わう」**です。

まったく同じ日常だとしても、味わえば味わうほど人生を楽しめます。

同じ食事でも、かきこんで一気に食べるのと、ひと口ずつ味わって食べるのとでは、まったく満足感が違います。

ダイエットできない人は「満腹になるまで食べよう」としますが、スリムな体型を保っている人は「この量で満腹になろう」と考えます。じっくり味わってよく噛んで食べれば、少ない量でも満腹感が得られるのです。

たとえば、旅行の喜びも簡単に3倍にできます。

旅行が楽しいのは、その最中だけではありません。

「あそこに行こう」「ここに行こう」と計画をすることも楽しいものです。

そして、帰ってきて写真を見ながら「あのときは楽しかったな」と振り返るのも楽しいものです。

そうやって、**「予定」のときも「旅行の最中」も「振り返り」も楽しんだら、1回の旅行の喜びを3倍味わうことができる**わけです。

▼「人生がつまらない」のは、味わっていないから

これは、仕事でも日々の生活でも同じです。

得られる楽しさや充実感は、意識するだけで3倍にも5倍にも大きくすることができます。

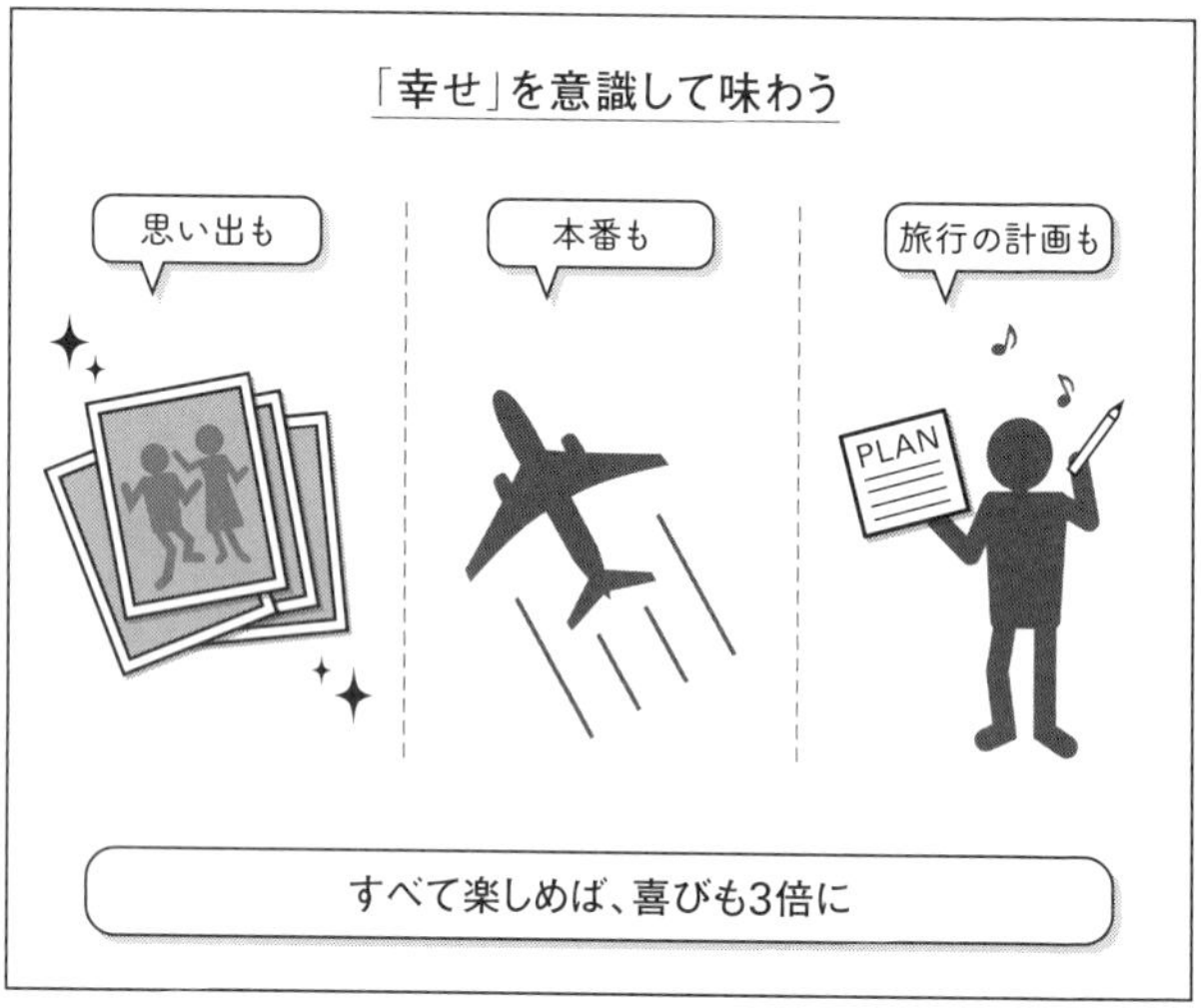
「幸せ」を意識して味わう
思い出も
本番も
旅行の計画も
PLAN
すべて楽しめば、喜びも3倍に

「最高のひととき」を、さらに素晴らしいものにできるのです。

「何をやっても人生がつまらない」という人は、もしかしたら、ただ十分に喜びを味わっていないだけかもしれません。

本章では、同じできごとから、より多くのいい感情を得る方法をご紹介していきたいと思います。

喜べる人が、うまくいく

第5章でも少し触れましたが、やることが終わったら意識的に喜んでください。
そうすると、小さなタスクであっても、それだけで達成感が得られます。

充実感を得られない人は、喜んでいません。
かなり大きなことをやり遂げても、まだ自分に鞭《むち》を打っているのです。

「こんなの誰でもできますよ」
「成功したのはたまたまですよ」
「この成功は、私の力ではありません」

「このくらいで喜んじゃいけないですよ」
「みんなと比べたらまだまだですよ」

達成したことを喜ばないのは一種の自己否定です。こういう毎日を過ごしていたら、人生がつらいことの連続になってしまいます。

毎年100人の起業家をサポートしてきてわかるのですが、結果が出ても、喜ばなければまったく自信がつきません。

1万円を初めて売り上げたときに「たった1万円で喜べない」と思うと、1万円のレベルからなかなか脱することができないのです。これは要注意です。

一方で、1万円売れて「やった！」と喜ぶ人は、次に10万円が売れるようになります。10万円を喜ぶと100万円が売れます。

なぜなら、喜ぶことで初めて自信につながるからです。

1つひとつの小さな成果が自分の自信になり、「次もこれくらいだったら達成できる」と、自分を信じられるようになるのです。

また同じようなチャレンジをするときは、前回より少ない労力やストレスで達成することができます。これが2回3回と続くと、どんどん成功体験が強化されて、よりラクに成功できます。

そうやって、次のステップにチャレンジすることができるのです。

▼小さなことで、意識的に喜ぶ

喜ぶ人は、毎日が達成感の連続です。

私の場合は、ブログやメルマガの原稿が書けたら、いつもガッツポーズをして「よし！」とか「やったー」と喜ぶことがクセになっています。

小説が1ページでも読めたら「よし、進んだ」と思います。

クラリネットを10分練習しただけで「ちょっとうまくなった」と思います。

喜ぶと気分がよくなって、また次の日もやろうと思えるのです。

もちろん、セミナーの登壇が終わったときや、新刊が出版されたとき、そして大きな売上を達成したときも大いに喜びます。

しかし、そういうことはたまにしかありませんので、やはり**小さなことに喜ぶのが一番**なのです。

同じ作業で10倍の達成感を得られる裏ワザ

達成感をたくさん得るために、無理に仕事を増やす必要はありません。

もっといい方法があります。

それは、仕事を小さな作業に細分化することです。

たとえば、1つの仕事を10個の作業に分解すれば、10倍達成感を味わうことができます。

なぜなら、どんな小さな作業であっても、「やった、終わった！」という達成感を得られるからです。

大きな1つの仕事が終わって喜ぶより、10個の作業が終わるごとに10回喜べば、そのぶんだけ多く達成感を得られます。

▼一歩目のハードルを極端に下げる

それに、**やることが小さいと気楽に取り組める**というのも利点です。

たとえば資料をつくるなら、

・過去のファイルを見つける
・ファイル名を変更する
・文章の流れを決める
・1項目ずつ書く
・図や表を入れる
・推敲《すいこう》する

と、こまかい作業に細分化するわけです。

そうすると「今日は全体像までつくれた!」とか「1項目進んだ!」と、達成感をそのたびに感じることができます。

事務作業とクリエイティブ、それぞれの楽しみ方

世の中には「事務作業が苦手」という人もいれば、「考える仕事が苦手」という人もいます。

私のように1人でビジネスをしていると、あらゆる種類の仕事をこなす必要がありますが、**この2種類の仕事を充実させるコツを知っていれば、多くのことを楽しんで進めることができます。**

そこで、ここでは「事務作業」と「クリエイティブな仕事」の2つを充実させるそれぞれのコツをご紹介したいと思います。

▼2種類の仕事を充実させるコツ

① 事務作業で充実するコツ

数字の入力や請求書の発行、軽作業などの事務作業は、「タイムトライアル」にしてしまうとゲーム感覚で楽しめます。つまり、**タイムリミットを設けて、それまでに終わらせるために集中する**わけです。

タイマーで30分、1時間と計って作業に集中すると、その作業に没頭できますし、チャレンジしている感覚が気持ちいいのです。「面倒だな」と思ってダラダラと取り組むのとは格段の違いがあります。

そして、2時間かかっていたことを工夫をして1時間で終わらせられるように試行錯誤するのも楽しみになります。

どんどん効率がよくなっていくと、それによっても充実感を得られます。

ですので、**ある程度の時間を取って、「まとめて一気に事務作業を片づける日」をつくるのもいい**でしょう。

その日はものすごく充実感を得られますし、作業がたまっていても「この日にまとめて終わらせる」とわかっていたら、それまでは気にしなくて済みます。

(2) クリエイティブな仕事で充実するコツ

ブログを書く、提案資料をつくる、スピーチの原稿をつくる、事業計画をつくるなどのクリエイティブな仕事では、「ああ、今日も何も進まなかった」と落ち込む人も少なくありません。

よくよく話を聞くと、理由がわかりました。

その人たちにとっては、**最終的な成果物が完成しないと何もしなかったことになる**のです。

たとえばブログを書く場合、2時間かけて文章がまとまらず、最後まで書けなかったら、「ああ、書けなかった」とガッカリします。ひどいときには、その原稿をボツにして消してしまいます。

解決策はシンプルです。

クリエイティブな仕事こそ、作業を細分化し、途中段階の成果で達成感を味わうことです。

ブログの記事が書き終わらなかったとしても、記事のアイデアは出せたわけだし、途中までは書けているわけです。

記事を投稿できなかったとしても、**「よし、3分の1までは書けた」**と喜べばいいわけです。

私の場合は、まさにいま、こうして本の原稿を書いていますが、**「アイデアを思いついた！」「今日は1行追加できた！」「1項目書けた！」というだけで「進んだ」という気持ちになって毎日喜んでいます。**

数か月かかりますが、結果的に1冊の原稿が完成するのです。

「よかったこと」を記録する

仕事を達成したとか、遊びが楽しかったとか、さまざまないいことを味わうだけでなく、ぜひ記録して残しておきましょう。

日々のよかったことを記録するだけで、毎日がさらに輝きます。

ぜひ、**1日を振り返ってみてください。仕事の達成以外にも、毎日1つか2つくらいはいいことが起こっていると思います。それを1か月記録し続ければ、30個から60個の「いいこと」が集まります。**

多くの人は、その幸運を見逃してしまうのです。

人間は生まれつき悲観的にできています。よくなかったことや危険だったことを記憶して身を守るためです。逆に言うと、意識しなければ、よかったことや楽しかったことは記憶しにくいということです。

ですので、毎日よかったことや達成したことを書きとめておくのです。

そして、1週間や1か月分たまったら、ざっと見返してみましょう。

意外に多くのことをしていたことに気づきます。

それが、充実感や自分への自信につながるのです。

「この1週間よかったな」「この1か月よかったな」と思うことができます。

私は起業を準備している時期から、この振り返りを1日単位でやっていました。

1人でビジネスをはじめると成果も少なく、進歩を感じづらかったからです。

もし、これをしていなければ「何もしてないのに夜になってしまった」「何の成果も上がらないのに、今月何をしていたのだろう」と、どんどんネガティブになっていたと思います。

何もしていないように思えても、実際は、次の仕事の段取りを考えたり、新しいビジネスのアイデアを検証したり、「何か」をしているはずです。

それをしっかり記録して、自分のしたことを認めることによって、新しいチャレンジをするパワーが出てきます。

▼振り返りをして、その年の1位を決めてみる

ビジネスが順調にまわって、自信がつきはじめてから、記録は毎週の単位に減らしました。

そして次は毎月にして、最終的には年に1回の振り返りをしています。

「今年の10大ニュース」のように、よかったことや達成したことをランキングにします。

ある年は母を連れてドバイに行ったことが1位だったし、ある年はモアイを見

にイースター島へ行ったことが1位でした。またある年はTOEICで925点を取ったことが1位でした。

こんなふうに振り返ると、その1位のことだけで「この年はよかったな」と思えます。この振り返りの時間は、本当に充実感に包まれます。

ですから、こんな時間を意識的に取ることが大事なのです。

実際、振り返りをしない年がありました。

そのときは「今年は大したことをしてないよな……」と思ったので、「書いても仕方ないか」と思い、やらなかったのです。

しかし「何もなくてもやってみよう」と思い直して振り返りをしてみたところ、やっぱりいい年だったということがわかりました。

ビジネスでは大きな達成はありませんでしたが、その年は学びの年だったのです。「未来への種まきだったんだな」と心から思えたのです。

この1年、よかったことを書き出してみよう

失敗とは、挑戦している者だけが得られる特権

人生で味わえるのは達成感だけではありません。苦しさ、つらさ、屈辱を味わうこともたくさんあるでしょう。

いろいろと失敗をして、思うようにいかないときに、「また失敗した」と思うと気分が落ち込みます。ガッカリして動けなくなります。

そんなときは、こう考えてください。

「自分は挑戦しているんだ」

1つひとつの結果に囚われる必要はありません。

果敢に挑んでいる自分を褒めてください。応援してあげてください。

とくにビジネスをしていると、毎日が失敗の連続です。

友人に出資して○○万円損をしたとか、失言をしてある人と気まずくなってしまったとか、講演に行ったら話が続かなくなって主催者から心配されてしまったとか……。

そんなときはもちろん落ち込むでしょう。

でも、それもこれも挑戦しているからこそ起こることです。

そして、そんな挑戦している自分は「好きな自分」ではないでしょうか?

それに、自分にとっては恥ずかしい失敗であっても、他人から見れば大したことなかったりします。

投資で500万円損をしたと言っても、まわりから見れば「へー、残念ですね」くらいの反応です。逆に「500万円も投資できるなんてすごいですね」と尊敬されたりもします。

▼失敗を乗り越えた人生は、素晴らしい

私のまわりには、いろいろな大失敗を経験された方がたくさんいますが、そのことを明るく話してくれます。

強くてすごいと思うのですが、「いろいろあっても最後は笑える日が来るんだな」と勇気をもらえます。

もちろん、笑って済ませられないこともありますが、それでも成長の糧にはできます。ムダにしないことはできるのです。

そして、歳をとっていつの日か「あれは大変な経験だったけど意義はあった」と思える日が来ればいいのかなと思うのです。

チャレンジをしなければ、失敗することもありません。

しかし、そんな人生を望んでいるのでしょうか?
失敗を乗り越えた充実感や幸せは、失敗がない人生よりも素晴らしいと、私は思います。

あなたも私も、毎日毎日、失敗やトラブルの連続ですが、「ああ、自分は挑戦しているんだな」と実感しながら過ごしていきましょう。

「挫折」ではなく、「休憩」と捉える

大きな目標に挑戦していたけれど、日々の仕事が忙しくて続かない、という時期もあると思います。
ルーティンが崩れて3か月ブランクが空いた、なんてこともあるでしょう。

しかし、それで挫折する必要はありません。
続かないのが普通なのです。
休憩するときもあります。

しかし、「やめないこと」はできると思います。

「3か月空いたけど、再スタートしよう」と言って、意気揚々と、またはじめて

ください。

▼ただ、再スタートすればいいだけ

友人がサマセット・モームの『月と六ペンス』を読むのを「挫折した」と言っていました。しかし、そんな大げさに捉える必要はありません。

小説なんて、また途中から読みはじめればいいだけです。

私もクラリネットの練習がほとんどできない時期がありますが、36歳からずっとやっています。英語の勉強なんか、1年くらい何もしないこともあります。

しかし、途切れることはありますが、やめてはいません。

やめないと思っていたら、挫折はありません。

いったん休憩しているだけなのに、そこに「挫折」という意味づけをわざわざ

する必要はないわけです。

その友人の使っている「挫折」という言葉の意味は「自分はダメな人間だ」と勝手に自己否定をしただけのことです。

そういえば実家に昔、こんな言葉が飾られていました。

「疲れたら休めばいい。友もそう遠くには行かないだろう」

いろいろな日本語訳がありますが、これはロシアの文豪ツルゲーネフの言葉だそうです。

挫折ではなく、休憩と捉えなおしましょう。

そして、またはじめればいいのです。

幸せな人生とは

若くして事業に成功する、アスリートとして成績を残す、芸能界で一躍有名になるなど、一度大きな成功をしたからといって「あとは何もしなくても幸せ」というわけにはいきません。

幸せは充電しておくことができません。いまの幸せは、いま発電して味わう必要があるのです。

人生が80年ちょっとだとしたら、日数に換算すると約3万日です。

ですので、**幸せな人生とは、幸せを味わう日々を3万回生きることでしか、つくられない**のです。

本書で何度もお伝えしていますが、結局「小さな幸せ」が大事だと、つくづく思います。そして、それは1日のうちたった2時間もあれば十分なのです。

大きな仕事が終わったときの達成感もたまにありますが、年に何回もありません。ですので、3万日のすべてを大きな達成感で埋めることはできません。

それに、そんな大きな達成感ばかり追い求めていると、むなしさと苦痛の日々を過ごすことになります。そして、ときに短期的な快楽に逃げ、自己嫌悪に陥ることになるのです。

毎日を幸せに過ごすためには、日々の小さな幸せを見逃さないことです。「今日もご飯が美味しかった」「子どもたちの笑い声が微笑ましかった」「1日健康でいられた」などということに感謝して、喜びを味わうわけです。

小さな幸せをどれだけバカにせず丁寧に味わうかということで、人生の満足度がずいぶん変わってきます。

▼自分を満たすと、さらに豊かさがやってくる

小さな幸せを味わい、十分に自分を満たしていくことによって一番いいのは、他人に優しくなれることだと思います。

幸せがあふれるぐらい自分を満たすと、勝手に他人に与えたくなるのです。

自分に余裕があれば、まわりの仕事を手伝えるし、お客様にプラスのサービスをすることができます。

そうやって他人に優しくしていると、たくさんの人に感謝され、結果的にたくさんのものが返ってきます。お返しでプレゼントをもらったり、いい機会に優先的に誘ってもらったり、もっといい仕事の話が舞い込んできたりと、豊かさがやってくるのです。

自分を幸せにしてくれることの多くは、それほどお金がかかりません。

私が好きな海苔の佃煮なんて数百円で買えます。何千万円も何億円も稼がなくても、十分に自分を幸せにできます。そして、他人に優しくなれるのです。つまり、お金がたくさんあって余裕があるから他人に貢献できるのではなく、人生を深く味わって自分を満たすことによって他人に貢献できるわけです。

必死にお金を追い求めるのではなく、まず最短距離で幸せになり、豊かさを手に入れることが一番なのです。

ぜひ、本書を使い倒して、「ムダ」や「後悔」や「ストレス」を感じる日々とはサヨナラし、毎日をいい気分で埋め尽くしてください。

大丈夫。あなたの大切な時間は、まだ取り戻せるのです。

本当に大事なことだけをして、毎日を充実させるために

＼最後に復習！／

①	「すべての時間が充実していなければ幸せじゃない」という考えを捨てる
②	日常のムダを見つけ、それをやめていく
③	「自分を幸せにしてくれること」を見つける
④	「最高のひとととき」を味わうためのスケジュールを立てる
⑤	長期的な目標を見出し、未来のために時間を使う
⑥	幸福感を意識的に味わう

なんと！

大事なことを書き忘れていました。

私にとっての**「一番の幸せ」**についてです。


私は20代のころから幸せを追い求めて、紆余曲折してきました。

何者にもなれないと悩み、悶々とした会社員時代には、「起業して成功したら、幸せになれるに違いない！」と考えていました。

そして、私は会社を辞めました。

意気揚々と起業したにもかかわらず、初年度は大赤字でお先真っ暗でした。貯金がどんどん減っていき、胃の痛みに苦しむ日々でした。その状況を乗り越え、売上が増えてきても、本当の幸せはやってきませんでした。これはすでに述べたとおりです。

その後、幸せとは何かがわかるようになってきましたが、意外なことに、もっとも幸せを感じることができたのはビジネスを通じてでした。

仕事をしていて嬉しい瞬間の1つは、講座や講演会の申し込みが入ったときです。いまでも申し込みを知らせるメールを受け取ると、飛び上がるほど嬉しい気分になります。

売上が上がるのも嬉しいのですが、それ以上に**「認めてもらえた」「必要とされた」という喜びのほうが大きい**かもしれません。

もう1つ嬉しい瞬間は、お客様のお役に立てたときです。お客様が結果を出してくれたときや、幸せそうな笑顔を見せてくれたときは心が満たされます。人生のなかで**「人の役に立てること」ほど幸せなことはない**と思いました。そうやって私は、人の役に立つために一生懸命に仕事に励みました。

それから数年して、祖母が老衰で亡くなりました。

私は、その数日前に祖母が入院していた大阪の病院にお見舞いに行きました。祖母はもうほとんど反応がなく**話はできなかったのですが、私を見るとパッと笑顔になりました。**居合わせていた先生は驚いて、「入院されてから、初めて笑顔を見ましたよ」と言いました。

私は、祖母からの愛情をものすごく感じました。

私の存在だけで喜んでくれる人がいるのだと思うと、それだけでとても幸せな気分になりました。ただ自分が生きているだけで誰かが喜んでくれるなんて、本当に幸せなことです。

そして、**肩に力を入れて「人の役に立たなければ」と思う必要はないのだと気づきました。**

それ以来、さらに幸せを感じられるようになりました。

夏の大きな雲の白さや、美しい鳥のさえずりや、オレンジの甘酸っぱい香りをより楽しめるようになったのです。

本書は、あなたもいまのままで、もっともっと幸せになれるということをお伝えしたくて書きました。**がんばって何かを成し遂げなくても、何者かにならなくても、十分に幸せになれる**ことを伝えたかったのです。

物質的に何かを得る人は限られているかもしれません。

オリンピックの競技で金メダルを取れるのは1人です。

しかし、精神的にはどんな状況であっても幸せになれます。悔いのないように全力を尽くしたスポーツ選手はみんな、充実感を味わえるものだからです。

そもそも、あなたがいるだけで誰かが喜んでくれているということを思い出しましょう。あなたは誰かにとって大切な存在なのです。それを思うだけで幸せな気持ちが湧き上がってくるはずです。

もちろん、私にとってもあなたは大切な存在です。

あなたがページを開いて本書を読んでくださっただけで、私はとても嬉しいのです。本当にありがとうございます。

ぜひ、これからもご自身の幸せを味わって、長くて短い一度きりの人生を楽しんでください。

今回、最後まで読んでくださったあなたのために、ささやかなプレゼントをご用意しました。

「幸せな人々のライフハック集」です。

仕事を早く終わらせるだけでなく、人生をより充実させる具体的なノウハウが満載です。これによって、2時間の使い方をより有意義にできるはずです。

巻末にダウンロードのための情報を掲載しておきますので、ぜひ受け取ってくださいね。

最後になりましたが、本書をゼロから企画し、編集していただいた小寺裕樹さんをはじめとする、すばる舎の皆様に心から感謝申し上げます。

また、仕事もプライベートも楽しんで、イキイキと活躍されているクライアントの皆様、本当にありがとうございます。皆様のおかげで自信を持って本書を書き上げることができました。

そして、この本を手に取ってくださったあなたへ。

本書を通じて、出会えたことに心から感謝いたします。

本書を読んでもらえたという私の嬉しい気持ちが、あなたに届くことを切に願っております。

いつかどこかで、最高の人生を生きているあなたと、直接お会いできることを楽しみにしています。

今井 孝

著者プロフィール

今井孝(いまい・たかし)

株式会社キャリッジウェイ・コンサルティング代表取締役。３万人以上の起業家にノウハウや考え方を伝え、最初の一歩を導く。マーケティングとマインドに関するさまざまな教材は累計３０００本以上購入されている。誰にでもわかりやすく、行動しやすいノウハウと伝え方で、「今井さんの話を聞いたら安心する」「自分もできると思える」「勇気が湧いてくる」と、たくさんの起業家の支持を集めている。多くの起業家を成功に導いてきた経験から導き出した、幸せと成功の秘訣を日々発信している。著書にはシリーズ10万部を超えた『起業１年目の教科書』（かんき出版）や、ベストセラーになった『誰でもできるのに９割の人が気づいていない、お金の生み出し方』（幻冬舎）などがある。

いつも幸せな人は、2時間の使い方の天才

本当に大事なことだけをして、毎日を充実させるシンプルな考え方

2024年 6 月30日　第1刷発行
2024年10月23日　第7刷発行

著　者　　今井孝

発行者　　徳留慶太郎
発行所　　株式会社すばる舎
〒170-0013　東京都豊島区東池袋3-9-7 東池袋織本ビル
TEL　03-3981-8651(代表)　03-3981-0767(営業部)
FAX　03-3985-4947
URL　https://www.subarusya.jp/

印刷・製本　モリモト印刷
ブックデザイン　池上幸一

落丁・乱丁本はお取り替えいたします

ISBN978-4-7991-1233-5